生育保健类法律法规学习读本

# 生育综合法律法规

叶浦芳 主编

加大全民普法力度，建设社会主义法治文化，树立宪法法律至上、法律面前人人平等的法治理念。
——中国共产党第十九次全国代表大会《决胜全面建成小康社会 夺取新时代中国特色社会主义伟大胜利》

汕头大学出版社

## 图书在版编目（CIP）数据

生育综合法律法规/叶浦芳主编. -- 汕头：汕头大学出版社（2021.7重印）

（生育保健类法律法规学习读本）

ISBN 978-7-5658-3330-4

Ⅰ.①生… Ⅱ.①叶… Ⅲ.①人口与计划生育法-中国-学习参考资料 Ⅳ.①D922.164

中国版本图书馆 CIP 数据核字（2018）第 000896 号

### 生育综合法律法规　　SHENGYU ZONGHE FALÜ FAGUI

| | |
|---|---|
| 主　　编： | 叶浦芳 |
| 责任编辑： | 汪艳蕾 |
| 责任技编： | 黄东生 |
| 封面设计： | 大华文苑 |
| 出版发行： | 汕头大学出版社 |
| | 广东省汕头市大学路 243 号汕头大学校园内　邮政编码：515063 |
| 电　　话： | 0754-82904613 |
| 印　　刷： | 三河市南阳印刷有限公司 |
| 开　　本： | 690mm×960mm 1/16 |
| 印　　张： | 18 |
| 字　　数： | 226 千字 |
| 版　　次： | 2018 年 1 月第 1 版 |
| 印　　次： | 2021 年 7 月第 2 次印刷 |
| 定　　价： | 59.60 元（全 2 册） |

ISBN 978-7-5658-3330-4

版权所有，翻版必究

如发现印装质量问题，请与承印厂联系退换

# 前 言

习近平总书记指出："推进全民守法，必须着力增强全民法治观念。要坚持把全民普法和守法作为依法治国的长期基础性工作，采取有力措施加强法制宣传教育。要坚持法治教育从娃娃抓起，把法治教育纳入国民教育体系和精神文明创建内容，由易到难、循序渐进不断增强青少年的规则意识。要健全公民和组织守法信用记录，完善守法诚信褒奖机制和违法失信行为惩戒机制，形成守法光荣、违法可耻的社会氛围，使遵法守法成为全体人民共同追求和自觉行动。"

中共中央、国务院曾经转发了中央宣传部、司法部关于在公民中开展法治宣传教育的规划，并发出通知，要求各地区各部门结合实际认真贯彻执行。通知指出，全民普法和守法是依法治国的长期基础性工作。深入开展法治宣传教育，是全面建成小康社会和新农村的重要保障。

普法规划指出：各地区各部门要根据实际需要，从不同群体的特点出发，因地制宜开展有特色的法治宣传教育坚持集中法治宣传教育与经常性法治宣传教育相结合，深化法律进机关、进乡村、进社区、进学校、进企业、进单位的"法律六进"主题活动，完善工作标准，建立长效机制。

特别是农业、农村和农民问题，始终是关系党和人民事业发展的全局性和根本性问题。党中央、国务院发布的《关于推进社会主义新农村建设的若干意见》中明确提出要"加强农村法制建设，深入开展农村普法教育，增强农民的法制观念，提高农民依法行使权利和履行义务的自觉性。"多年普法实践证明，普及法律知识，提高法制观念，增强全社会依法办事意识具有重要作用。特别是在广大农村进行普法教育，是提高全民法律素质的需要。

多年来，我国在农村实行的改革开放取得了极大成功，农村发生了翻天覆地的变化，广大农民生活水平大大得到了提高。但是，由于历史和社会等原因，现阶段我国一些地区农民文化素质还不高，不学法、不懂法、不守法现象虽然较原来有所改变，但仍有相当一部分群众的法制观念仍很淡化，不懂、不愿借助法律来保护自身权益，这就极易受到不法的侵害，或极易进行违法犯罪活动，严重阻碍了全面建成小康社会和新农村步伐。

为此，根据党和政府的指示精神以及普法规划，特别是根据广大农村农民的现状，在有关部门和专家的指导下，特别编辑了这套《全国普法学习读本》。主要包括了广大人民群众应知应懂、实际实用的法律法规。为了辅导学习，附录还收入了相应法律法规的条例准则、实施细则、解读解答、案例分析等；同时为了突出法律法规的实际实用特点，兼顾地方性和特殊性，附录还收入了部分某些地方性法律法规以及非法律法规的政策文件、管理制度、应用表格等内容，拓展了本书的知识范围，使法律法规更"接地气"，便于读者学习掌握和实际应用。

在众多法律法规中，我们通过甄别，淘汰了废止的，精选了最新的、权威的和全面的。但有部分法律法规有些条款不适应当下情况了，却没有颁布新的，我们又不能擅自改动，只得保留原有条款，但附录却有相应的补充修改意见或通知等。众多法律法规根据不同内容和受众特点，经过归类组合，优化配套。整套普法读本非常全面系统，具有很强的学习性、实用性和指导性，非常适合用于广大农村和城乡普法学习教育与实践指导。总之，是全国全民普法的良好读本。

# 目 录

## 人口与计划生育法

第一章　总　则 …………………………………………（2）
第二章　人口发展规划的制定与实施 …………………（3）
第三章　生育调节 ………………………………………（4）
第四章　奖励与社会保障 ………………………………（5）
第五章　计划生育技术服务 ……………………………（6）
第六章　法律责任 ………………………………………（7）
第七章　附　则 …………………………………………（9）
附　录
　　流动人口计划生育工作条例 ………………………（10）
　　《流动人口计划生育工作条例》释义 ……………（18）
　　流动人口计划生育管理和服务工作若干规定 ……（54）
　　人口和计划生育信访工作规范化管理办法（试行）…（64）
　　农村计划生育服务机构基础设施建设标准 ………（72）
　　全国农村部分计划生育家庭奖励扶助制度管理规范 …（82）

## 计划生育技术服务管理条例

第一章　总　则 …………………………………………（102）
第二章　技术服务 ………………………………………（103）
第三章　机构及其人员 …………………………………（106）
第四章　监督管理 ………………………………………（108）

第五章　罚　则 …………………………………………（109）
第六章　附　则 …………………………………………（112）
附　录
　　计划生育技术服务管理条例实施细则 ……………（113）
　　计划生育技术服务机构执业管理办法 ……………（129）
　　国家人口和计划生育委员会计划生育生殖健康新技术
　　　新产品研究开发项目管理办法（试行）……………（135）

# 人口与计划生育法

中华人民共和国主席令

第 41 号

《全国人民代表大会常务委员会关于修改〈中华人民共和国人口与计划生育法〉的决定》已由中华人民共和国第十二届全国人民代表大会常务委员会第十八次会议于 2015 年 12 月 27 日通过,现予公布,自 2016 年 1 月 1 日起施行。

中华人民共和国主席　习近平
2015 年 12 月 27 日

(2001 年 12 月 29 日第九届全国人民代表大会常务委员会第二十五次会议通过;根据 2015 年 12 月 27 日第十二届全国人民代表大会常务委员会第十八次会议《关于修改〈中华人民共和国人口与计划生育法〉的决定》修正)

# 第一章 总 则

**第一条** 为了实现人口与经济、社会、资源、环境的协调发展，推行计划生育，维护公民的合法权益，促进家庭幸福、民族繁荣与社会进步，根据宪法，制定本法。

**第二条** 我国是人口众多的国家，实行计划生育是国家的基本国策。

国家采取综合措施，控制人口数量，提高人口素质。

国家依靠宣传教育、科学技术进步、综合服务、建立健全奖励和社会保障制度，开展人口与计划生育工作。

**第三条** 开展人口与计划生育工作，应当与增加妇女受教育和就业机会、增进妇女健康、提高妇女地位相结合。

**第四条** 各级人民政府及其工作人员在推行计划生育工作中应当严格依法行政，文明执法，不得侵犯公民的合法权益。

计划生育行政部门及其工作人员依法执行公务受法律保护。

**第五条** 国务院领导全国的人口与计划生育工作。

地方各级人民政府领导本行政区域内的人口与计划生育工作。

**第六条** 国务院计划生育行政部门负责全国计划生育工作和与计划生育有关的人口工作。

县级以上地方各级人民政府计划生育行政部门负责本行政区域内的计划生育工作和与计划生育有关的人口工作。

县级以上各级人民政府其他有关部门在各自的职责范围内，负责有关的人口与计划生育工作。

**第七条** 工会、共产主义青年团、妇女联合会及计划生育协会等社会团体、企业事业组织和公民应当协助人民政府开展人口与计划生育工作。

第八条　国家对在人口与计划生育工作中作出显著成绩的组织和个人,给予奖励。

## 第二章　人口发展规划的制定与实施

第九条　国务院编制人口发展规划,并将其纳入国民经济和社会发展计划。

县级以上地方各级人民政府根据全国人口发展规划以及上一级人民政府人口发展规划,结合当地实际情况编制本行政区域的人口发展规划,并将其纳入国民经济和社会发展计划。

第十条　县级以上各级人民政府根据人口发展规划,制定人口与计划生育实施方案并组织实施。

县级以上各级人民政府计划生育行政部门负责实施人口与计划生育实施方案的日常工作。

乡、民族乡、镇的人民政府和城市街道办事处负责本管辖区域内的人口与计划生育工作,贯彻落实人口与计划生育实施方案。

第十一条　人口与计划生育实施方案应当规定控制人口数量,加强母婴保健,提高人口素质的措施。

第十二条　村民委员会、居民委员会应当依法做好计划生育工作。

机关、部队、社会团体、企业事业组织应当做好本单位的计划生育工作。

第十三条　计划生育、教育、科技、文化、卫生、民政、新闻出版、广播电视等部门应当组织开展人口与计划生育宣传教育。

大众传媒负有开展人口与计划生育的社会公益性宣传的义务。

学校应当在学生中,以符合受教育者特征的适当方式,有计划地开展生理卫生教育、青春期教育或者性健康教育。

**第十四条** 流动人口的计划生育工作由其户籍所在地和现居住地的人民政府共同负责管理,以现居住地为主。

**第十五条** 国家根据国民经济和社会发展状况逐步提高人口与计划生育经费投入的总体水平。各级人民政府应当保障人口与计划生育工作必要的经费。

各级人民政府应当对贫困地区、少数民族地区开展人口与计划生育工作给予重点扶持。

国家鼓励社会团体、企业事业组织和个人为人口与计划生育工作提供捐助。

任何单位和个人不得截留、克扣、挪用人口与计划生育工作费用。

**第十六条** 国家鼓励开展人口与计划生育领域的科学研究和对外交流与合作。

## 第三章　生育调节

**第十七条** 公民有生育的权利,也有依法实行计划生育的义务,夫妻双方在实行计划生育中负有共同的责任。

**第十八条** 国家提倡一对夫妻生育两个子女。

符合法律、法规规定条件的,可以要求安排再生育子女。具体办法由省、自治区、直辖市人民代表大会或者其常务委员会规定。

少数民族也要实行计划生育,具体办法由省、自治区、直辖市人民代表大会或者其常务委员会规定。

夫妻双方户籍所在地的省、自治区、直辖市之间关于再生育子女的规定不一致的，按照有利于当事人的原则适用。

第十九条　实行计划生育，以避孕为主。

国家创造条件，保障公民知情选择安全、有效、适宜的避孕节育措施。实施避孕节育手术，应当保证受术者的安全。

第二十条　育龄夫妻自主选择计划生育避孕节育措施，预防和减少非意愿妊娠。

第二十一条　实行计划生育的育龄夫妻免费享受国家规定的基本项目的计划生育技术服务。

前款规定所需经费，按照国家有关规定列入财政预算或者由社会保险予以保障。

第二十二条　禁止歧视、虐待生育女婴的妇女和不育的妇女。

禁止歧视、虐待、遗弃女婴。

## 第四章　奖励与社会保障

第二十三条　国家对实行计划生育的夫妻，按照规定给予奖励。

第二十四条　国家建立、健全基本养老保险、基本医疗保险、生育保险和社会福利等社会保障制度，促进计划生育。

国家鼓励保险公司举办有利于计划生育的保险项目。

有条件的地方可以根据政府引导、农民自愿的原则，在农村实行多种形式的养老保障办法。

第二十五条　符合法律、法规规定生育子女的夫妻，可以获得延长生育假的奖励或者其他福利待遇。

第二十六条  妇女怀孕、生育和哺乳期间，按照国家有关规定享受特殊劳动保护并可以获得帮助和补偿。

公民实行计划生育手术，享受国家规定的休假；地方人民政府可以给予奖励。

第二十七条  在国家提倡一对夫妻生育一个子女期间，自愿终身只生育一个子女的夫妻，国家发给《独生子女父母光荣证》。

获得《独生子女父母光荣证》的夫妻，按照国家和省、自治区、直辖市有关规定享受独生子女父母奖励。

法律、法规或者规章规定给予获得《独生子女父母光荣证》的夫妻奖励的措施中由其所在单位落实的，有关单位应当执行。

获得《独生子女父母光荣证》的夫妻，独生子女发生意外伤残、死亡的，按照规定获得扶助。

在国家提倡一对夫妻生育一个子女期间，按照规定应当享受计划生育家庭老年人奖励扶助的，继续享受相关奖励扶助。

第二十八条  地方各级人民政府对农村实行计划生育的家庭发展经济，给予资金、技术、培训等方面的支持、优惠；对实行计划生育的贫困家庭，在扶贫贷款、以工代赈、扶贫项目和社会救济等方面给予优先照顾。

第二十九条  本章规定的奖励措施，省、自治区、直辖市和较大的市的人民代表大会及其常务委员会或者人民政府可以依据本法和有关法律、行政法规的规定，结合当地实际情况，制定具体实施办法。

## 第五章  计划生育技术服务

第三十条  国家建立婚前保健、孕产期保健制度，防止或者减少出生缺陷，提高出生婴儿健康水平。

**第三十一条** 各级人民政府应当采取措施，保障公民享有计划生育技术服务，提高公民的生殖健康水平。

**第三十二条** 地方各级人民政府应当合理配置、综合利用卫生资源，建立、健全由计划生育技术服务机构和从事计划生育技术服务的医疗、保健机构组成的计划生育技术服务网络，改善技术服务设施和条件，提高技术服务水平。

**第三十三条** 计划生育技术服务机构和从事计划生育技术服务的医疗、保健机构应当在各自的职责范围内，针对育龄人群开展人口与计划生育基础知识宣传教育，对已婚育龄妇女开展孕情检查、随访服务工作，承担计划生育、生殖保健的咨询、指导和技术服务。

**第三十四条** 计划生育技术服务人员应当指导实行计划生育的公民选择安全、有效、适宜的避孕措施。

对已生育子女的夫妻，提倡选择长效避孕措施。

国家鼓励计划生育新技术、新药具的研究、应用和推广。

**第三十五条** 严禁利用超声技术和其他技术手段进行非医学需要的胎儿性别鉴定；严禁非医学需要的选择性别的人工终止妊娠。

## 第六章 法律责任

**第三十六条** 违反本法规定，有下列行为之一的，由计划生育行政部门或者卫生行政部门依据职权责令改正，给予警告，没收违法所得；违法所得一万元以上的，处违法所得二倍以上六倍以下的罚款；没有违法所得或者违法所得不足一万元的，处一万元以上三万元以下的罚款；情节严重的，由原发证机关吊销执业证书；构成犯罪的，依法追究刑事责任：

（一）非法为他人施行计划生育手术的；

（二）利用超声技术和其他技术手段为他人进行非医学需要的胎儿性别鉴定或者选择性别的人工终止妊娠的；

（三）进行假医学鉴定、出具假计划生育证明的。

第三十七条　伪造、变造、买卖计划生育证明，由计划生育行政部门没收违法所得，违法所得五千元以上的，处违法所得二倍以上十倍以下的罚款；没有违法所得或者违法所得不足五千元的，处五千元以上二万元以下的罚款；构成犯罪的，依法追究刑事责任。

以不正当手段取得计划生育证明的，由计划生育行政部门取消其计划生育证明；出具证明的单位有过错的，对直接负责的主管人员和其他直接责任人员依法给予行政处分。

第三十八条　计划生育技术服务人员违章操作或者延误抢救、诊治，造成严重后果的，依照有关法律、行政法规的规定承担相应的法律责任。

第三十九条　国家机关工作人员在计划生育工作中，有下列行为之一，构成犯罪的，依法追究刑事责任；尚不构成犯罪的，依法给予行政处分；有违法所得的，没收违法所得：

（一）侵犯公民人身权、财产权和其他合法权益的；

（二）滥用职权、玩忽职守、徇私舞弊的；

（三）索取、收受贿赂的；

（四）截留、克扣、挪用、贪污计划生育经费或者社会抚养费的；

（五）虚报、瞒报、伪造、篡改或者拒报人口与计划生育统计数据的。

第四十条　违反本法规定，不履行协助计划生育管理义务的,由有关地方人民政府责令改正,并给予通报批评;对直接负责的主管人员和其他直接责任人员依法给予行政处分。

**第四十一条** 不符合本法第十八条规定生育子女的公民,应当依法缴纳社会抚养费。

未在规定的期限内足额缴纳应当缴纳的社会抚养费的,自欠缴之日起,按照国家有关规定加收滞纳金;仍不缴纳的,由作出征收决定的计划生育行政部门依法向人民法院申请强制执行。

**第四十二条** 按照本法第四十一条规定缴纳社会抚养费的人员,是国家工作人员的,还应当依法给予行政处分;其他人员还应当由其所在单位或者组织给予纪律处分。

**第四十三条** 拒绝、阻碍计划生育行政部门及其工作人员依法执行公务的,由计划生育行政部门给予批评教育并予以制止;构成违反治安管理行为的,依法给予治安管理处罚;构成犯罪的,依法追究刑事责任。

**第四十四条** 公民、法人或者其他组织认为行政机关在实施计划生育管理过程中侵犯其合法权益,可以依法申请行政复议或者提起行政诉讼。

# 第七章  附  则

**第四十五条** 流动人口计划生育工作的具体管理办法、计划生育技术服务的具体管理办法和社会抚养费的征收管理办法,由国务院制定。

**第四十六条** 中国人民解放军执行本法的具体办法,由中央军事委员会依据本法制定。

**第四十七条** 本法自2002年9月1日起施行。

# 附 录

## 流动人口计划生育工作条例

中华人民共和国国务院令

第 555 号

《流动人口计划生育工作条例》已经2009年4月29日国务院第60次常务会议通过,现予公布,自2009年10月1日起施行。

总理 温家宝

二〇〇九年五月十一日

第一条 为了加强流动人口计划生育工作,寓管理于服务之中,维护流动人口的合法权益,稳定低生育水平,根据《中华人民共和国人口与计划生育法》,制定本条例。

第二条 本条例所称流动人口,是指离开户籍所在地的县、市或者市辖区,以工作、生活为目的异地居住的成年育龄人员。但是,下列人员除外:

(一)因出差、就医、上学、旅游、探亲、访友等事由异地居住、预期将返回户籍所在地居住的人员;

(二)在直辖市、设区的市行政区域内区与区之间异地居住的人员。

第三条　县级以上地方人民政府领导本行政区域内流动人口计划生育工作，将流动人口计划生育工作纳入本地经济社会发展规划，并提供必要的保障；建立健全流动人口计划生育工作协调机制，组织协调有关部门对流动人口计划生育工作实行综合管理；实行目标管理责任制，对有关部门承担的流动人口计划生育工作进行考核、监督。

第四条　流动人口计划生育工作由流动人口户籍所在地和现居住地的人民政府共同负责，以现居住地人民政府为主，户籍所在地人民政府予以配合。

第五条　国务院人口和计划生育部门主管全国流动人口计划生育工作，制定流动人口计划生育工作规划并组织实施；建立流动人口计划生育信息管理系统，实现流动人口户籍所在地和现居住地计划生育信息共享，并与相关部门有关人口的信息管理系统实现信息共享。

县级以上地方人民政府人口和计划生育部门主管本行政区域内流动人口计划生育工作，落实本级人民政府流动人口计划生育管理和服务措施；组织实施流动人口计划生育工作检查和考核；建立流动人口计划生育信息通报制度，汇总、通报流动人口计划生育信息；受理并及时处理与流动人口计划生育工作有关的举报，保护流动人口相关权益。

县级以上人民政府公安、民政、人力资源社会保障、住房城乡建设、卫生、价格等部门和县级以上工商行政管理部门在各自职责范围内，负责有关的流动人口计划生育工作。

第六条　乡（镇）人民政府、街道办事处负责本管辖区域内流动人口计划生育工作，对流动人口实施计划生育管理，开展计划生育宣传教育；组织从事计划生育技术服务的机构指导流动人口中的育龄夫妻（以下称育龄夫妻）选择安全、有效、适宜的避孕节育措施，依法向育龄夫妻免费提供国家规定的基本项目的计划生育技术服务。

流动人口现居住地和户籍所在地的乡（镇）人民政府、街道办事处之间建立流动人口计划生育信息通报制度，及时采集流动人口计划生育信息，运用流动人口计划生育信息管理系统核实、通报流动人口计划生育信息。

**第七条** 流动人口中的成年育龄妇女（以下称成年育龄妇女）在离开户籍所在地前，应当凭本人居民身份证到户籍所在地的乡（镇）人民政府或者街道办事处办理婚育证明；已婚的，办理婚育证明还应当出示结婚证。婚育证明应当载明成年育龄妇女的姓名、年龄、公民身份号码、婚姻状况、配偶信息、生育状况、避孕节育情况等内容。

流动人口户籍所在地的乡（镇）人民政府、街道办事处应当及时出具婚育证明。

**第八条** 成年育龄妇女应当自到达现居住地之日起30日内提交婚育证明。成年育龄妇女可以向现居住地的乡（镇）人民政府或者街道办事处提交婚育证明，也可以通过村民委员会、居民委员会向现居住地的乡（镇）人民政府或者街道办事处提交婚育证明。

流动人口现居住地的乡（镇）人民政府、街道办事处应当查验婚育证明，督促未办理婚育证明的成年育龄妇女及时补办婚育证明；告知流动人口在现居住地可以享受的计划生育服务和奖励、优待，以及应当履行的计划生育相关义务。

村民委员会、居民委员会应当协助乡（镇）人民政府、街道办事处开展本条第二款规定的工作，做好流动人口婚育情况登记。

**第九条** 流动人口现居住地的县级人民政府公安、民政、人力资源社会保障、卫生等部门和县级工商行政管理部门应当结合部门职责，将流动人口计划生育工作纳入相关管理制度；及时向所在地同级人口和计划生育部门通报在办理有关登记和证照等工作中了解的流动人口婚育证明办理情况等计划生育信息。

接到通报的人口和计划生育部门应当及时会同乡（镇）人民政府、街道办事处落实流动人口计划生育管理和服务措施。

**第十条** 流动人口在现居住地享受下列计划生育服务和奖励、优待：

（一）免费参加有关人口与计划生育法律知识和生殖健康知识普及活动；

（二）依法免费获得避孕药具，免费享受国家规定的其他基本项目的计划生育技术服务；

（三）晚婚晚育或者在现居住地施行计划生育手术的，按照现居住地省、自治区、直辖市或者较大的市的规定，享受休假等；

（四）实行计划生育的，按照流动人口现居住地省、自治区、直辖市或者较大的市的规定，在生产经营等方面获得支持、优惠，在社会救济等方面享受优先照顾。

**第十一条** 流动人口现居住地的地方各级人民政府和县级以上地方人民政府有关部门应当采取措施，落实本条例第十条规定的流动人口计划生育服务和奖励、优待。

流动人口户籍所在地的地方各级人民政府和县级以上地方人民政府有关部门应当依法落实法律、法规和规章规定的流动人口计划生育服务和奖励、优待。

**第十二条** 育龄夫妻应当自觉落实计划生育避孕节育措施，

接受户籍所在地和现居住地人民政府的计划生育管理。

第十三条 流动人口现居住地从事计划生育技术服务的机构应当按照所在地省、自治区、直辖市或者较大的市的规定，为已婚育龄妇女出具避孕节育情况证明。

流动人口现居住地的乡（镇）人民政府或者街道办事处应当根据已婚育龄妇女的避孕节育情况证明，及时向其户籍所在地的乡（镇）人民政府或者街道办事处通报流动人口避孕节育情况。流动人口户籍所在地的县级人民政府人口和计划生育部门、乡（镇）人民政府或者街道办事处不得要求已婚育龄妇女返回户籍所在地进行避孕节育情况检查。

第十四条 流动人口现居住地的村民委员会、居民委员会应当协助所在地的乡（镇）人民政府或者街道办事处了解本村或者本居住地区流动人口计划生育情况，及时向乡（镇）人民政府或者街道办事处通报相关信息。

房屋租赁中介机构、房屋的出租（借）人和物业服务企业等有关组织和个人在村民委员会、居民委员会了解流动人口计划生育情况时，应当如实提供相关信息。

第十五条 用人单位应当做好本单位流动人口计划生育工作，依法落实法律、法规和规章规定的流动人口计划生育奖励、优待，接受所在地的乡（镇）人民政府或者街道办事处和县级以上地方人民政府人口和计划生育部门的监督、检查。

第十六条 育龄夫妻生育第一个子女的，可以在现居住地的乡（镇）人民政府或者街道办事处办理生育服务登记。办理生育服务登记，应当提供下列证明材料：

（一）夫妻双方的居民身份证；

（二）结婚证；

（三）女方的婚育证明和男方户籍所在地的乡（镇）人民政

府或者街道办事处出具的婚育情况证明材料。

育龄夫妻现居住地的乡（镇）人民政府或者街道办事处应当自收到女方的婚育证明和男方的婚育情况证明材料之日起7个工作日内，向育龄夫妻户籍所在地的乡（镇）人民政府或者街道办事处核实有关情况。育龄夫妻户籍所在地的乡（镇）人民政府或者街道办事处应当自接到核实要求之日起15个工作日内予以反馈。核查无误的，育龄夫妻现居住地的乡（镇）人民政府或者街道办事处应当在接到情况反馈后即时办理生育服务登记；情况有误、不予办理的，应当书面说明理由。

现居住地的乡（镇）人民政府或者街道办事处应当自办理生育服务登记之日起15个工作日内向育龄夫妻户籍所在地的乡（镇）人民政府或者街道办事处通报办理结果。

第十七条　出具婚育证明或者其他计划生育证明材料，不得收取任何费用。

流动人口计划生育工作所需经费，按照国家有关规定予以保障。

第十八条　地方各级人民政府和政府有关部门以及协助查验婚育证明的村民委员会、居民委员会及其工作人员，应当对涉及公民隐私的流动人口信息予以保密。

第十九条　县级以上人民政府人口和计划生育部门未依照本条例的规定履行流动人口计划生育工作职责的，由本级人民政府或者上级人民政府人口和计划生育部门责令改正，通报批评；情节严重的，对主要负责人、直接负责的主管人员和其他直接责任人员依法给予处分。

第二十条　流动人口户籍所在地的乡（镇）人民政府或者街道办事处在流动人口计划生育工作中有下列情形之一的，分别由乡（镇）人民政府的上级人民政府或者设立街道办事处的人民政府责令改正，通报批评；情节严重的，对主要负责人、直接负责的主管人员和其他直接责任人员依法给予处分：

（一）未依照本条例规定为流动人口出具计划生育证明材料，出具虚假计划生育证明材料，或者出具计划生育证明材料收取费用的；

（二）违反本条例规定，要求已婚育龄妇女返回户籍所在地进行避孕节育情况检查的；

（三）未依法落实流动人口计划生育奖励、优待的；

（四）未依照本条例规定向流动人口现居住地的乡（镇）人民政府、街道办事处反馈流动人口计划生育信息的；

（五）违反本条例规定的其他情形。

**第二十一条** 流动人口现居住地的乡（镇）人民政府或者街道办事处在流动人口计划生育工作中有下列情形之一的，分别由乡（镇）人民政府的上级人民政府或者设立街道办事处的人民政府责令改正，通报批评；情节严重的，对主要负责人、直接负责的主管人员和其他直接责任人员依法给予处分：

（一）未依照本条例规定向育龄夫妻免费提供国家规定的基本项目的计划生育技术服务，或者未依法落实流动人口计划生育奖励、优待的；

（二）未依照本条例规定查验婚育证明的；

（三）未依照本条例规定为育龄夫妻办理生育服务登记，或者出具虚假计划生育证明材料，或者出具计划生育证明材料收取费用的；

（四）未依照本条例规定向流动人口户籍所在地的乡（镇）人民政府、街道办事处通报流动人口计划生育信息的；

（五）违反本条例规定的其他情形。

**第二十二条** 流动人口现居住地的县级人民政府公安、民政、人力资源社会保障、卫生等部门和县级工商行政管理部门违反本条例第九条规定的,由本级人民政府或者上级人民政府主管部门责令改正,通报批评。

**第二十三条** 流动人口未依照本条例规定办理婚育证明的,现居住地的乡(镇)人民政府或者街道办事处应当通知其在3个月内补办;逾期仍不补办或者拒不提交婚育证明的,由流动人口现居住地的乡(镇)人民政府或者街道办事处予以批评教育。

**第二十四条** 用人单位违反本条例第十五条规定的,由所在地县级人民政府人口和计划生育部门责令改正,通报批评。

房屋租赁中介机构、房屋的出租(借)人和物业服务企业等有关组织或者个人未依照本条例规定如实提供流动人口信息的,由所在地的乡(镇)人民政府或者街道办事处责令改正,予以批评教育。

**第二十五条** 本条例自2009年10月1日起施行。1998年8月6日国务院批准、1998年9月22日原国家计划生育委员会发布的《流动人口计划生育工作管理办法》同时废止。

# 《流动人口计划生育工作条例》释义

(国家卫生计生委流动人口计划生育服务管理司)

**第一条** 为了加强流动人口计划生育工作，寓管理于服务之中，维护流动人口的合法权益，稳定低生育水平，根据《中华人民共和国人口与计划生育法》，制定本条例。

【释义】本条是关于立法宗旨和立法依据的规定。

(一) 立法宗旨

《流动人口计划生育工作条例》(以下简称《条例》) 立法宗旨是，加强流动人口计划生育工作，寓管理于服务之中，维护流动人口的合法权益，稳定低生育水平。

党的十七大、《中共中央国务院关于全面加强人口和计划生育工作统筹解决人口问题的决定》(中发〔2006〕22号，以下简称中央《决定》) 和《国务院关于解决农民工问题的若干意见》(国发〔2006〕5号) 对做好新时期流动人口计划生育服务和管理工作提出了新的更高的要求。中央《决定》把"不断完善流动人口管理服务体系"作为新时期统筹解决人口问题的五大任务之一，强调"建立流动人口计划生育统一管理、优质服务新体制"。党的十七届三中全会作出的《中共中央关于推进农村改革发展若干重大问题的决定》强调推动流动人口服务和管理体制创新，并明确提出到2020年城乡基本公共服务均等化明显推进的目标任务，因此，做好流动人口计划生育工作具有十分重要而现实的意义。

新时期流动人口计划生育工作总的思路是，以邓小平理论和"三个代表"重要思想为指导，按照依法治国和构建社会主义和谐社会的总体要求，落实以人为本的科学发展观，坚持"公平对待、合理引导、完善管理、搞好服务"的原则，依据《中华人民共和国人口与计划生育法》（以下简称《人口与计划生育法》）、中央《决定》等有关文件精神，以维权为主线，以落实部门责任、推进综合管理为重点，明确户籍地和现居住地责任，规范管理行为，加大服务力度，保障流动人口计划生育和生殖健康的合法权益，完善流动人口计划生育服务和管理新体制。本条例所确立的立法宗旨与新时期流动人口计划生育工作思路完全一致，同时也为做好新时期流动人口计划生育工作提供了法律保障。

（二）立法依据

《条例》的立法依据是《人口与计划生育法》。该法第四十五条明确规定，流动人口计划生育工作的具体管理办法由国务院制定。

（三）法规名称

本次修订中，依照《行政法规制定程序条例》关于行政法规的名称一般称"条例"的规定，将"办法"改称为"条例"。

**第二条** 本条例所称流动人口，是指离开户籍所在地的县、市或者市辖区，以工作、生活为目的异地居住的成年育龄人员。但是，下列人员除外：

（一）因出差、就医、上学、旅游、探亲、访友等事由异地居住、预期将返回户籍所在地居住的人员；

（二）在直辖市、设区的市行政区域内区与区之间异地居住的人员。

【释义】本条是关于《条例》适用对象的规定。

本条对"流动人口"概念从流动空间、目的以及人员年龄三个方面进行了界定：（一）离开户籍所在地的县、市或者市辖区；(二) 以工作、生活为目的异地居住；(三) 成年育龄人员。同时还规定了若干除外情形。

(一) "离开户籍所在地的县、市或者市辖区"，是指流动人口流动地域上的变化。《条例》以跨县、市或者市辖区为起点，包括了跨县、市或者市辖区、跨地市、跨省（自治区、直辖市）。对于同一县（市、区）跨乡镇或同一乡镇内流动，以及跨国（境）的流动，不是《条例》所称的流动人口，不适用《条例》。同一城市中户籍人口人户分离的，也不适用《条例》。

(二) "以工作、生活为目的异地居住"，这是对流动人口流动目的的界定。其中以工作为目的，是指流动人口离开户籍所在地，到异地从事务工、经商、办企业等活动，并取得工资收入或者经营收入等；以生活为目的，是指不以取得工资收入为主要目的，随同家庭成员、亲友或者独自在异地居住的流动人口。当然，现实中，对于一个具体对象"以工作为目的"和"以生活为目的"并不总是能分开界定的。

(三) "成年育龄人员"。这是《条例》关于适用人群的年龄限定。关于"育龄"，从医学角度划分，女性15—49周岁为育龄期；对男性虽然没有类似明确的划分，但在计划生育服务管理工作实践中，一般参照女性年龄标准执行。关于"成年"，根据《中华人民共和国民法通则》第十一条规定，"18周岁以上的公民是成年人"。因此，《条例》所称的成年育龄人员是指18—49周岁的流动人口。

(四) 除外情况。依据本条的规定，"以工作、生活为目的异地居住的成年育龄人员"所包括的流动人口人群较为宽泛，需要进一步界定，以完善服务和管理范围，因此，《条例》规定了两种除外情况：

1. "因出差、就医、上学、旅游、探亲、访友等事由异地居住、预期将返回户籍所在地居住的人员"不是《条例》所称的流动人口,不是流动人口服务和管理的对象。这种情况涉及两个方面内容:一是异地居住的原因是:因出差、就医、上学、旅游、探亲、访友,二是异地居住,在完成以上事由后将返回户籍所在地居住。

2."在直辖市、设区的市行政区域内区与区之间异地居住的人员"也不是《条例》所称的流动人口。这样规定,主要是从实际出发,考虑到现实中很多城市户籍居民生活和工作分别在同一城市不同城区的情况,这一部分人群仍应当作为户籍人口管理和服务,因此不适用《条例》。

《条例》没有规定流动人口异地居住的时间界限,主要是考虑流动人口到现居住地后,现居住地就应当将其纳入服务和管理。如果设定异地居住的时限,可能会出现服务和管理的"真空",给现居住地或户籍所在地推诿服务和管理责任提供可能。流动人口计划生育统计和考核的时间口径应根据有关规定执行。

对于因婚姻迁移异地居住的人员,一般应视为现居住地的户籍人口提供有关服务和管理。

**第三条** 县级以上地方人民政府领导本行政区域内流动人口计划生育工作,将流动人口计划生育工作纳入本地经济社会发展规划,并提供必要的保障;建立健全流动人口计划生育工作协调机制,组织协调有关部门对流动人口计划生育工作实行综合管理;实行目标管理责任制,对有关部门承担的流动人口计划生育工作进行考核、监督。

【释义】本条是关于县级以上流动人口计划生育工作领导主体的规定。

流动人口自身的特点决定了流动人口计划生育工作是一项复杂的系统工程,需要齐抓共管,综合治理。《人口与计划生育法》第五条第二款规定,地方各级人民政府领导本行政区域内的人口与计划生育工作。据此,《条例》规定县级以上地方人民政府是流动人口计划生育工作的主体,应履行以下领导责任:

一是将流动人口计划生育工作纳入本地经济社会发展规划,并提供必要的保障。《人口与计划生育法》第九条第二款规定,县级以上地方各级人民政府根据全国人口发展规划以及上一级人民政府人口发展规划,结合当地实际情况编制本行政区域的人口发展规划,并将其纳入国民经济和社会发展规划;第十条第一款规定,县级以上各级人民政府根据人口发展规划,制定人口与计划生育实施方案并组织实施。经济社会发展规划是县级以上地方人民政府履行经济调节、市场监管、社会管理和公共服务职责的重要依据,将流动人口计划生育工作纳入经济社会发展规划,有利于合理配置公共资源,实现流动人口计划生育服务均等化,维护流动人口实行计划生育的合法权益,促进人口和计划生育工作健康发展。

"提供必要的保障",主要是指县级以上人民政府应为流动人口服务管理工作提供机构、人员、经费等保障条件。《中共中央国务院关于全面加强人口和计划生育工作统筹解决人口问题的决定》(中发〔2006〕22号,以下简称中央《决定》)指出"完善流动人口计划生育管理机构和服务网络,配备必要的社区计划生育专(兼)职人员"。目前,人口和计划生育系统的机构、人员,一般是根据户籍人口规模配置的,仅有少数地方是按照常住人口规模配置的,这远远不能满足流动人口计划生育工作的需要。因此,根据中央《决定》和《条例》立法精神,应当在地方各级人口和计划生育部门设立流动人口计划生育工作机构,配备人员,并将流动人口纳入常住人口总数,从经费上予以保障。

二是建立健全流动人口计划生育工作协调机制，组织协调有关部门对流动人口计划生育工作实行综合管理。流动人口计划生育工作涉及多个部门，由于各个部门陆续推出改革新举措，企事业单位配合政府做好流动人口计划生育服务管理工作的自觉性和参与度不同，特别是相关社会经济政策的制定和完善，有必要建立政府负责、社会参与、部门协作、齐抓共管的长效工作机制，指导相关部门履行综合治理职责和维护公民权益的责任。县级以上地方人民政府应当建立工作协调机制，把流动人口计划生育工作当作政府的重要工作来抓，定期召开会议，定期研究和解决流动人口计划生育工作中出现的困难和问题。

三是实行目标管理责任制，对有关部门承担的流动人口计划生育工作进行评估、考核和监督。流动人口计划生育目标管理责任制，主要指在本行政区域内，将流动人口计划生育工作任务分解为部门职责和科学的考核体系，并组织地方政府人口计生部门和有关部门，指导企业事业单位以及村（居）委会等共同落实。流动人口计划生育目标管理内容一般包括宣传教育、信息管理、生殖保健、部门配合、权益保护以及人财物保障等。对完成目标管理责任的单位和有关责任人员，当地人民政府应予以表彰和奖励；对未完成目标管理责任的单位和有关责任人员，也应依照有关规定予以处理。

**第四条** 流动人口计划生育工作由流动人口户籍所在地和现居住地的人民政府共同负责，以现居住地人民政府为主，户籍所在地人民政府予以配合。

【释义】本条是关于流动人口计划生育工作原则的规定。

本条明确了流动人口计划生育服务和管理的工作原则包括以下三方面含义：一是两地共同负责；二是以现居住地为主；三是户籍所在地配合。其中共同负责是基础，以现居住地为主是核心，户籍所在地予以配合是必要补充，三方面相辅相成，缺一不可。

一是户籍所在地和现居住地"共同负责"，是指在流动人口计划生育服务和管理工作中，现居住地和户籍地负有共同责任，应在各自职责范围内做好相应的管理和服务工作。随着流动人口计划生育工作的深入发展，要求现居住地和户籍地必须加强协同配合，特别是在流动人口计划生育信息采集、避孕节育知识和技术服务提供、奖励与优待落实、合法权益保障以及违法生育行为查处等方面，都需要户籍地和现居住地双方加强沟通协作，互通信息，共同做好流动人口计划生育管理和服务工作。

二是"以现居住地人民政府为主"，本着实事求是的原则，针对流动人口务工、就业、居住、迁移的新特点，由现居住地负责流动人口计划生育日常管理和服务工作更符合实际，更有利于保障流动人口计划生育和生殖健康权益。因此，流动人口现居住地人民政府要强化全局意识、责任意识和维权意识，按照"属地化管理、市民化服务"的原则，把流动人口计划生育管理和服务经费纳入地方正常财政预算支出范围，依法履行相关管理服务责任，做到与户籍人口同宣传、同管理、同服务、同考核。

三是"户籍所在地人民政府予以配合"，这是《条例》对1998年《办法》关于工作原则的补充和完善，是指流动人口户籍所在地人民政府应在职责范围内配合现居住地做好相应的服务和管理工作，如督促流动人口在外出前办理婚育证明、落实避孕节育措施，加强与现居住地的联系沟通，落实有关奖励优待，协助查处违法行为等。户籍所在地不能因为流动人口外出，就放松管理，应当主动配合现居住地做好有关流出人口计划生育服务和管理工作，维护流动人口合法权益。

**第五条** 国务院人口和计划生育部门主管全国流动人口计划生育工作，制定流动人口计划生育工作规划并组织实施；建立流动人口计划生育信息管理系统，实现流动人口户籍所在地和现居住地计划生育信息共享，并与相关部门有关人口的信息管理系统实现信息共享。

县级以上地方人民政府人口和计划生育部门主管本行政区域内流动人口计划生育工作，落实本级人民政府流动人口计划生育管理和服务措施；组织实施流动人口计划生育工作检查和考核；建立流动人口计划生育信息通报制度，汇总、通报流动人口计划生育信息；受理并及时处理与流动人口计划生育工作有关的举报，保护流动人口相关权益。

县级以上人民政府公安、民政、人力资源社会保障、住房城乡建设、卫生、价格等部门和县级以上工商行政管理部门在各自职责范围内，负责有关的流动人口计划生育工作。

【释义】本条是关于流动人口计划生育工作主管部门及相关部门在流动人口计划生育管理方面有关职责的规定。

本条第一款明确了国家人口和计划生育委员会（以下简称国家人口计生委）是全国流动人口计划生育工作的主管部门。《条例》强调了国家人口计生委在流动人口计划生育服务管理中两方面的主要职责：一是研究制定流动人口计划生育中长期发展规划、制定完善相关服务管理制度并组织实施，对各地流动人口计划生育工作落实情况进行检查评估；二是加强流动人口计划生育信息化建设，包括建立流动人口计划生育信息管理系统，开展流动人口发展动态监测和信息综合工作，指导地方建立流动人口计划生育信息共享和公共服务工作机制，加强流动人口户籍所在地和现居住地、人口计生部门与公安、民政、卫生、教育等相关部门有关流动人口服务管理信息沟通与交流，实现信息共享。与修改前相比,《条例》进一步明确了国家人口计生委在流动人口计划生育管理工作中的主要职责。

本条第二款明确了县级以上地方各级人口计生部门是本行政区域流动人口计划生育工作的主管部门,其主要职责是:负责组织实施国家、上级主管部门及本级人民政府有关流动人口计划生育管理方面的法规、政策及规定;根据本地区实际情况,制定具体的实施办法;协助政府制定本地区有关部门流动人口计划生育工作的职责分工;协助政府组织实施流动人口计划生育工作,检查、考核目标管理责任制落实情况;按照国家有关规定,建立健全流动人口计划生育统计、信息通报制度,指导基层利用现代信息技术手段,及时交流、沟通流动人口计划生育信息;畅通维权渠道,及时受理并妥善处理有关投诉和举报,维护流动人口合法权益。

本条第三款明确了县级以上相关部门在流动人口计划生育工作中的职责。公安、民政、人力资源社会保障、住房城乡建设、卫生、价格、工商行政管理等部门都承担着流动人口服务和管理的职责。流动人口计划生育工作是流动人口服务和管理的重要组成部分,因此人口计生部门承担的流动人口计划生育服务管理工作,需要与各部门一起,共同推进,综合治理。为推进流动人口和计划生育综合服务和管理,《条例》提出,公安、民政、工商等部门,应在各自职责范围内做好有关的流动人口计划生育工作,如将流动人口计划生育服务纳入本部门相关管理制度,了解通报有关信息等。《条例》第九条、第十一条对于相关部门的具体职责做出了明确规定。

**第六条** 乡(镇)人民政府、街道办事处负责本管辖区域内流动人口计划生育工作,对流动人口实施计划生育管理,开展计划生育宣传教育;组织从事计划生育技术服务的机构指导流动人口中的育龄夫妻（以下称育龄夫妻）选择安全、有效、适宜的避孕节育措施，依法向育龄夫妻免费提供国家规定的基本项目的计划生育技术服务。

流动人口现居住地和户籍所在地的乡（镇）人民政府、街道办事处之间建立流动人口计划生育信息通报制度，及时采集流动人口计划生育信息，运用流动人口计划生育信息管理系统核实、通报流动人口计划生育信息。

【释义】本条是关于乡（镇）人民政府和街道办事处流动人口计划生育管理的原则规定。

本条第一款明确规定乡（镇）人民政府和街道办事处是本辖区流动人口计划生育工作的责任主体，是流动人口计划生育服务管理工作的直接承担者，其职责是：贯彻落实流动人口有关法律法规以及各项管理措施；开展人口和计划生育宣传教育；出具和查验婚育证明；组织提供计划生育技术服务，保障免费技术服务项目的落实等。同时，指导村（居）民委员会和辖区内用工单位做好流动人口计划生育工作。这里的乡（镇）人民政府和街道办事处既包括现居住地，也包括户籍所在地。

本条第二款对两地建立信息通报制度作出了规定。为落实《条例》第四条确立的两地共同负责，现居住地为主，户籍地配合的原则，本款规定现居住地和户籍地的乡（镇）人民政府、街道办事处之间要建立流动人口计划生育信息通报制度，及时采集流动人口计划生育信息，核实、通报流动人口婚育变动及避孕节育情况，做好流动人口计划生育统计工作，以便有的放矢地做好流动人口计划生育日常服务和管理工作，维护其合法权益。流动人口现居住地和户籍地的乡（镇）人民政府、街道办事处的具体职责，《条例》第七条、第八条、第十一条、第十三条、第十六条等作出了明确的规定。《条例》第十条关于流动人口享有的服务和奖励优待也是现居住地应履行的职责。

**第七条** 流动人口中的成年育龄妇女（以下称成年育龄妇女）在离开户籍所在地前，应当凭本人居民身份证到户籍所在地的乡（镇）人民政府或者街道办事处办理婚育证明；已婚的，办理婚育证明还应当出示结婚证。婚育证明应当载明成年育龄妇女的姓名、年龄、公民身份号码、婚姻状况、配偶信息、生育状况、避孕节育情况等内容。

流动人口户籍所在地的乡（镇）人民政府、街道办事处应当及时出具婚育证明。

【释义】本条是关于流动人口办理婚育证明的义务、办证机构职责的规定。

实行婚育证明制度，一方面有助于户籍地掌握流出人口信息，做好宣传培训、计划生育技术服务等工作；另一方面也为现居住地了解流入人口婚育信息提供了客观依据，便于有针对性地开展服务。实行这一制度，可以保证重点人群相关信息的有效传递，实现两地服务管理的有效衔接，维护流动人口合法权益。

本条第一款是关于办证对象、办证要求以及婚育证明主要内容的规定。

（一）办证对象

流动人口中的成年育龄妇女（以下称成年育龄妇女）。育龄妇女的计划生育和生殖健康状况是人口计生工作的重点，根据基层工作实际，为突出服务和管理重点，《条例》将婚育证明的办证对象由原来的成年流动人口调整为成年育龄妇女（18-49周岁）。

（二）办证时间和凭据

成年育龄妇女在离开户籍所在地前，应当办理婚育证明。

已婚育龄妇女需提供本人的居民身份证或居民户口簿、结婚证。未婚育龄妇女只需提供本人的居民身份证或居民户口簿。

（三）办证机构

成年育龄妇女户籍所在地乡（镇）人民政府或者街道办事处。为方便群众，村民委员会、居民委员会可代当事人办理婚育证明。

（四）婚育证明内容

婚育证明主要内容包括：持证人姓名、年龄、公民身份证号码、婚姻状况、配偶信息、生育状况、避孕节育情况等基本信息。

本条第二款是关于办证机构职责的规定。婚育证明办证机构对于材料齐全、经核实无误的，应当即时办理；需要进一步核实的，应在规定期限内，及时办理；对于材料不齐全的，应一次告知办理证明所需全部材料。除本条规定的相关证件，办理婚育证明不得附加其他任何条件，不得收取任何费用，《条例》第十七条对免费办理婚育证明等作出了明确规定。

第八条 成年育龄妇女应当自到达现居住地之日起30日内提交婚育证明。成年育龄妇女可以向现居住地的乡（镇）人民政府或者街道办事处提交婚育证明，也可以通过村民委员会、居民委员会向现居住地的乡（镇）人民政府或者街道办事处提交婚育证明。

流动人口现居住地的乡（镇）人民政府、街道办事处应当查验婚育证明，督促未办理婚育证明的成年育龄妇女及时补办婚育证明；告知流动人口在现居住地可以享受的计划生育服务和奖励、优待，以及应当履行的计划生育相关义务。

村民委员会、居民委员会应当协助乡（镇）人民政府、街道办事处开展本条第二款规定的工作，做好流动人口婚育情况登记。

【释义】本条是关于流动人口提交婚育证明的义务和现居住地查验婚育证明职责的规定。

本条第一款是关于成年流动育龄妇女交验婚育证明义务的规定。本条规定持证人员提交证明的时间为：到达现居住地30日（指自然天数）内。验证机构为：现居住地乡（镇）人民政府、街道办事处。"提交"，应是持证人员主动将婚育证明交给当地验证机构查验；为方便群众，也可以通过村民委员会、居民委员会代其向验证机构提交。

本条第二款是关于现居住地验证机构职责的规定。主要职责：

1. 验证，对成年育龄妇女所持婚育证明进行查验。查验工作应本着便民的原则，可与相关部门配合，提倡通过"一站式"或上门服务等方式进行。

2. 对未持婚育证明的成年育龄妇女告知其补办，按照《条例》二十三条的规定补办期限为3个月。对于补办方式，一是可委托家人、亲友在其户籍地补办；二是有条件的地方可利用信息网络，由现居住地代其与户籍地进行沟通，由户籍地为其补办。

3. 对流入本地的流动人口进行计划生育政策法规宣传，使他们了解在本地可享受的计划生育服务和奖励、优待，以及应当履行的计划生育义务等。

本条第三款是关于村（居）民委员会协助做好流动人口计划生育工作有关义务的规定。《中华人民共和国村民委员会组织法》第四条、《中华人民共和国城市居民委员会组织法》第三条，都作出村民委员会、居民委员会有协助乡（镇）人民政府、街道办事处开展有关工作的规定；《人口与计划生育法》第十二条提出，村（居）民委员会应当依法做好计划生育工作。《条例》新增加村民委员会、居民委员会应当协助做好婚育证明查验、宣传和建立流动人口婚育情况登记制度等规定，登记内容应包括姓名、年龄、婚姻状况、生育情况等项目。

**第九条** 流动人口现居住地的县级人民政府公安、民政、人力资源社会保障、卫生等部门和县级工商行政管理部门应当结合部门职责，将流动人口计划生育工作纳入相关管理制度；及时向所在地同级人口和计划生育部门通报在办理有关登记和证照等工作中了解的流动人口婚育证明办理情况等计划生育信息。

接到通报的人口和计划生育部门应当及时会同乡（镇）人民政府、街道办事处落实流动人口计划生育管理和服务措施。

**【释义】** 本条是关于现居住地县级有关部门在流动人口计划生育综合治理工作中的职责规定。

本条第一款明确了县级人民政府公安、民政、人力资源社会保障、卫生等部门和县级工商行政管理部门负有管理流动人口计划生育的责任。除上述部门外，还有哪些部门也与流动人口计划生育服务管理工作密切相关，各地可结合实际做出具体规定。具体职责主要有：

（一）将流动人口计划生育服务管理纳入本部门相关管理制度

各有关部门要结合部门职责，在开展社区建设、就业培训、劳务输出、社会保障、物业管理、出租屋管理、暂住登记、出生登记等相关工作中，将流动人口计划生育服务和管理纳入其中，统一规划、统一部署、统一考核评估，实行行政问责，为流动人口计划生育综合治理工作提供制度保障。

(二) 了解、通报流动人口计划生育有关信息

有关部门在为成年育龄妇女办理相关证件、执照和手续时,应询问当事人或其配偶是否办理了婚育证明及相关的婚育、计划生育情况,并将所了解的信息作出记录,向同级人口计生部门通报。具体通报形式与时间可由各地自行规定或基层单位相互协商确定。对有关部门落实本条规定的职责情况,可按《条例》第三条的规定,由县级人民政府纳入目标管理责任制进行考核、监督。

本条第二款规定了县级人口和计划生育部门接到有关部门信息通报后的责任,即会同乡(镇)人民政府、街道办事处,按照《条例》有关规定,具体落实查验婚育证明,开展宣传教育,提供政策咨询和计划生育技术服务,向户籍地通报情况等流动人口计划生育服务和管理措施。

**第十条** 流动人口在现居住地享受下列计划生育服务和奖励、优待:

(一) 免费参加有关人口与计划生育法律知识和生殖健康知识普及活动;

(二) 依法免费获得避孕药具,免费享受国家规定的其他基本项目的计划生育技术服务;

(三) 晚婚晚育或者在现居住地施行计划生育手术的,按照现居住地省、自治区、直辖市或者较大的市的规定,享受休假等;

(四) 实行计划生育的,按照流动人口现居住地省、自治区、直辖市或者较大的市的规定,在生产经营等方面获得支持、优惠,在社会救济等方面享受优先照顾。

【释义】本条是关于流动人口在现居住地享有的计划生育服务和奖励优待的规定。

为维护流动人口合法权益，增强流动人口实行计划生育的自觉性和积极性，本条对流动人口在现居住地应当享有的计划生育服务和奖励、优待，作出专门规定。

关于第（一）项规定。获得计划生育相关知识是流动人口的一项权利，人口和计划生育部门、相关部门、用人单位及社会各有关方面应充分利用有关资源，采取举办讲座、咨询、展览、印发宣传册页及网络媒体等多种方式，针对不同人群进行有关计划生育/生殖健康法规、政策以及优生优育科普知识宣传，适时调整宣传内容，增强知识、信息的可及性。本条还特别强调流动人口参加上述活动应是"免费"。

关于第（二）项规定。《人口与计划生育法》第二十一条规定，实行计划生育的育龄夫妻免费享受国家规定的基本项目的计划生育技术服务。所需经费按照国家有关规定列入财政预算或者由社会保险予以保障。这是本项规定的基本法律依据。

关于"依法免费获得避孕药具"。自我国推行计划生育基本国策以来，一直实行国家免费提供避孕药具。《计划生育药具工作管理办法（试行）》（2006年7月14日，国家人口和计划生育委员会令第10号）规定："国家为实行计划生育的育龄夫妻免费提供计划生育药具；育龄夫妻在户籍所在地或者现居住地可以免费获得计划生育药具"（即避孕节育药具）。目前的情况是，农村以计划生育服务网络为发放主体，城市依托社区、机关、企业、事业单位和社会团体发放。流动人口，可到社区计划生育技术服务网络或部分企事业单位计划生育宣传网点免费领取。

关于"免费享受国家规定的其他基本项目的计划生育技术服务"。根据《计划生育技术服务管理条例实施细则》（2001年12月29日，国家计划生育委员会令第6号）和《劳动和社会保障部、国家计生委、财政部、卫生部关于妥善解决城镇职工计划生育手术费用的通知》(1999年9月28日,劳社部发〔1999〕32号)等规定,其他的免费技术服务项目包括:(1)孕情、环情监测;(2)放置、取出宫内节育器及技术常规所规定的各项医学检查;(3)人工流产术、引产术及技术常规所规定的各项医学检查;(4)输卵管结扎术、输精管结扎术及技术常规规定的各项医学检查;(5)计划生育手术并发症诊治。

关于第(三)项规定。流动人口享受的休假,一是晚婚晚育休假,二是施行计划生育手术休假。

关于晚婚晚育,我国《婚姻法》第五条规定,"晚婚晚育应予鼓励"。《人口与计划生育法》进一步规定,"公民晚婚晚育,可以获得延长婚假、生育假的奖励或者其他福利待遇。"我国法定的婚假一般是3天。各地人口与计划生育条例普遍规定了的晚婚奖励假,时间有长有短。最短的是1周,最长的是1个月。

关于施行计划生育手术休假。流动人口可以依据现居住地人口和计划生育有关法规、政策的具体规定,享受施行计划生育手术后的休息权利。地方还普遍规定了公民施行计划生育手术后,给予一定的奖励、优待。关于术后休假天数,一般参照卫生部委托中华医学会2007年编写的《临床技术操作规范·计划生育学分册》中关于"告知受术者术后注意事项"提出的休假要求,即放置宫内节育器,手术后休息2天;取宫内节育器,休息1天;输精管结扎,休息7天;单纯输卵管结扎,休息21天;等等。

关于第(四)项规定。流动人口参与现居住地的经济建设,为当地的社会发展作出了贡献,应当也在一定程度上享受当地发展的成果以及获得相应的物质帮助。对于在现居住地实行计划生育的流动人口,当地政府应当依据《人口与计划生育法》

和相关法律法规的规定，履行维护公民计划生育/生殖健康权利、获取奖励优待的权利、以及计划生育家庭经济优先发展权利的责任，协调组织有关部门，在生产、经营以及生活等方面给予支持帮助、社会救济、优先优惠。具体的奖励优待政策措施，可由现居住地作出具体规定。

**第十一条** 流动人口现居住地的地方各级人民政府和县级以上地方人民政府有关部门应当采取措施，落实本条例第十条规定的流动人口计划生育服务和奖励、优待。

流动人口户籍所在地的地方各级人民政府和县级以上地方人民政府有关部门应当依法落实法律、法规和规章规定的流动人口计划生育服务和奖励、优待。

【释义】本条是关于流动人口现居住地和户籍地落实流动人口计划生育服务和奖励、优待责任的规定。

本条第一款规定，主要是针对《条例》第十条提出的流动人口计划生育服务和奖励、优待，要求现居住地各级政府和相关部门予以保障。本条规定，落实流动人口计划生育服务和奖励、优待，是地方各级人民政府和县级以上地方人民政府有关部门的共同责任，而不仅仅是人口计生部门和基层政府的责任。

关于采取的"措施"，应围绕计划生育家庭在优生优育、子女成才、抵御风险、生殖健康、家庭致富以及养老保障等六个方面的需求，制定有关制度并形成系统，提供财政资金和其他政策保障，并加强行政监督，对于各类主体（包括政府、有关部门、技术服务机构以及企事业等各类用人单位等）落实流动人口服务和奖励优待情况进行检查，建立和完善流动人口利益导向和权益保障机制。

本条第二款规定，户籍地应落实流出人口有关计划生育服务和奖励优待的责任。流动人口户籍所在地的地方各级人民政府和县级以上地方人民政府有关部门，不得因人员外出而推卸责任，应继续依法履行有关流动人口计划生育服务和奖励优待责任。户籍地应依法落实的奖励优待，主要包括：（1）全国范围普遍实施的政策：独生子女父母奖励优待；农村部分计划生育家庭奖励扶助制度；计划生育家庭特别扶助制度；西部地区计划生育"少生快富"工程；（2）地方规定的对计划生育家庭给予优先优惠政策，如在政策、项目、资金、技术以及培训等方面的倾斜、支持、优惠；对实行计划生育的贫困家庭，在扶贫贷款、扶贫项目和社会救济等方面给予优先照顾等。

**第十二条** 育龄夫妻应当自觉落实计划生育避孕节育措施，接受户籍所在地和现居住地人民政府的计划生育管理。

【释义】本条是关于流动人口育龄夫妻落实避孕节育措施和接受计划生育管理的义务的规定。

《人口与计划生育法》第七条规定："工会、共产主义青年团、妇女联合会及计划生育协会等社会团体、企业事业组织和公民，应当协助人民政府开展人口与计划生育工作"；第十九条规定："实行计划生育，以避孕为主"；第二十条规定："育龄夫妻应当自觉落实计划生育避孕节育措施，接受计划生育技术服务指导"。这些规定是本条规定的立法依据。本条就育龄夫妻履行计划生育义务作出以下两个方面的规定：

（一）育龄夫妻应自觉落实计划生育避孕节育措施

以避孕为主是计划生育工作基本方针之一。育龄夫妻落实一项安全、有效、适宜的避孕节育措施，就公民个人来说，可以避免或减少非意愿妊娠，有益身心健康；从人口和计划生育工作来说，实行孕前管理，提供优质服务，有利于保障公民生殖健康权益，也有利于稳定低生育水平。

（二）接受户籍所在地和现居住地人民政府的计划生育管理

流动育龄夫妻接受户籍地和现居住地两地的共同管理，符合他们工作和居住流动性的特点。接受两地的计划生育管理，是他们的义务，同时又有利于其合法权益的实现。

实践中，户籍所在地一般要求流动育龄夫妻在外出之前履行以下义务：（1）办理婚育证明；（2）主动告知流向、流出时间、联络方式等信息；（3）了解人口和计划生育政策法规和户籍所在地流动人口计划生育管理有关规定；（4）落实避孕节育措施。

育龄夫妻在现居住地一般应当履行以下义务：（1）交验婚育证明，按要求进行登记，填报相关信息；（2）接受现居地组织的计划生育/生殖健康服务；（3）遵守现居住地流动人口计划生育管理规定。

**第十三条** 流动人口现居住地从事计划生育技术服务的机构应当按照所在地省、自治区、直辖市或者较大的市的规定，为已婚育龄妇女出具避孕节育情况证明。

流动人口现居住地的乡（镇）人民政府或者街道办事处应当根据已婚育龄妇女的避孕节育情况证明，及时向其户籍所在地的乡（镇）人民政府或者街道办事处通报流动人口避孕节育情况。流动人口户籍所在地的县级人民政府人口和计划生育部门、乡（镇）人民政府或者街道办事处不得要求已婚育龄妇女返回户籍所在地进行避孕节育情况检查。

【释义】本条是关于现居住地向户籍所在地通报流动人口避孕节育信息职责的规定。

本条第一款规定了流动人口现居住地从事计划生育技术服务的机构为已婚育龄妇女出具避孕节育情况证明的责任。现居住地从事计划生育技术服务的机构，不仅要免费为实行计划生育的流动人口提供国家规定的基本项目的计划生育技术服务，还应当按照国家和所在地省、自治区、直辖市或者较大的市的规定，为已婚育龄妇女出具避孕节育情况证明，以使其户籍所在地及时了解相关信息。从各地实践看，避孕节育情况证明可以由现居住地乡（镇）人民政府、街道办事处委托从事计划生育技术服务的机构寄回，也可以由现居住地乡（镇）人民政府、街道办事处通过流动人口计划生育服务管理信息系统予以反馈。

本条第二款规定了现居住地、户籍地在流动人口避孕节育服务管理中的责任和要求。包括以下两项内容：

1. 流动人口现居住地的乡（镇）人民政府或者街道办事处应当与当地从事计划生育技术服务的机构建立联系，及时将流动人口避孕节育信息通报其户籍所在地的乡（镇）人民政府或者街道办事处。

2. 流动人口户籍所在地的县级人民政府人口和计划生育部门、乡（镇）人民政府或者街道办事处，不得以不了解情况或管理需要为理由，强行要求已婚育龄妇女返回户籍所在地进行避孕节育情况检查。此规定体现了对流动人口合法权益的保护和便民原则。

**第十四条** 流动人口现居住地的村民委员会、居民委员会应当协助所在地的乡（镇）人民政府或者街道办事处了解本村或者本居住地区流动人口计划生育情况，及时向乡（镇）人民政府或者街道办事处通报相关信息。

房屋租赁中介机构、房屋的出租（借）人和物业服务企业等有关组织和个人在村民委员会、居民委员会了解流动人口计划生育情况时，应当如实提供相关信息。

【释义】本条是关于群众自治组织了解和通报信息责任及房屋租赁中介机构等有关组织和个人提供信息的义务的规定。

本条第一款规定了流动人口现居住地的村民委员会、居民委员会应当协助所在地的乡（镇）人民政府或者街道办事处做好流动人口计划生育日常的信息采集和通报工作。包括两项内容：

1. 村民委员会、居民委员会应当将流动人口信息采集作为经常性工作内容，及时了解和掌握流动人口计划生育有关信息变动情况；

2. 按照要求及时向乡（镇）人民政府或者街道办事处通报在本村或者本居住地区流动人口计划生育的相关信息。

本条第二款明确规定了现居住地房屋租赁中介机构、房屋的出租（借）人和物业服务企业等有关组织和个人应当如实提供流动人口计划生育相关信息的义务。出租屋是流动人口在现居住地的主要居所，房屋租赁中介机构、房屋的出租（借）人和物业服务企业等有关组织和个人的协助配合，是流动人口计划生育信息采集的重要环节，因此，对其配合义务作出明确规定符合基层实际。其具体义务包括：

1. 在村民委员会、居民委员会了解流动人口计划生育情况时，应当积极配合；

2. 在提供相关信息时，应当根据掌握的情况如实提供。

第十五条　用人单位应当做好本单位流动人口计划生育工作，依法落实法律、法规和规章规定的流动人口计划生育奖励、优待，接受所在地的乡（镇）人民政府或者街道办事处和县级以上地方人民政府人口和计划生育部门的监督、检查。

【释义】本条是关于雇用流动人口单位计划生育工作的责任与义务规定。

"用人单位"是指国家机关、事业单位、企业、个体经济组织、民办非企业单位、社会团体等与劳动者建立劳动关系的组织。

《人口与计划生育法》第十二条规定，机关、部队、社会团体、企事业组织应当做好本单位的计划生育工作。这里的"计划生育工作"，也包括流动人口计划生育工作。用人单位的流动人口计划生育工作，主要包括普及人口和计划生育法律法规和生殖健康科普知识、依法落实计划生育奖励优待、采集和通报计划生育信息，以及避孕药具发放、提供相关服务等，并应当配合所在地乡（镇）人民政府或者街道办事处、村（居）委员会做好有关工作。

本条特别强调了用人单位应当依照国家法律及地方法规、规章规定落实流动人口计划生育的奖励、优待，如，《条例》第十条规定晚婚晚育、施行计划生育手术在现居住地享有休假以及地方法规、规章规定的其他奖励、优待等，用人单位均应依法落实。

用人单位的流动人口计划生育工作，应接受所在地的乡（镇）人民政府或者街道办事处和县级以上人口计生部门的监督、检查。监督、检查内容一般包括，是否落实计划生育管理责任，是否依法落实有关奖励、优待，是否及时通报信息，以及配合所在地乡（镇）人民政府或者街道办事处、村（居）委员会做好服务管理的情况。

**第十六条** 育龄夫妻生育第一个子女的，可以在现居住地的乡（镇）人民政府或者街道办事处办理生育服务登记。办理生育服务登记，应当提供下列证明材料：

（一）夫妻双方的居民身份证；

（二）结婚证；

（三）女方的婚育证明和男方户籍所在地的乡（镇）人民政府或者街道办事处出具的婚育情况证明材料。

育龄夫妻现居住地的乡（镇）人民政府或者街道办事处应

当自收到女方的婚育证明和男方的婚育情况证明材料之日起7个工作日内,向育龄夫妻户籍所在地的乡(镇)人民政府或者街道办事处核实有关情况。育龄夫妻户籍所在地的乡(镇)人民政府或者街道办事处应当自接到核实要求之日起15个工作日内予以反馈。核查无误的,育龄夫妻现居住地的乡(镇)人民政府或者街道办事处应当在接到情况反馈后即时办理生育服务登记;情况有误,不予办理的,应当书面说明理由。

现居住地的乡(镇)人民政府或者街道办事处应当自办理生育服务登记之日起15个工作日内向育龄夫妻户籍所在地的乡(镇)人民政府或者街道办事处通报办理结果。

【释义】本条是关于育龄夫妻在现居住地办理第一个子女生育服务登记的有关问题的规定。

本条所指的"育龄夫妻"是双方或一方户籍不在现居住地的夫妻。

本条第一款规定了办理生育服务登记的机构和当事人应当提交的证明材料。各省(区、市)人口与计划生育条例一般规定,生育第一个子女需要在怀孕后或者生育前到乡(镇)人民政府、街道办事处办理生育服务登记。考虑到育龄夫妻在现居住地工作、生活的特殊性,为了方便其实现生育权利和履行计划生育义务,《条例》对1998年《办法》的有关规定进行了修改,明确规定,育龄夫妻可以在现居住地办理生育第一个子女的生育服务登记手续。

办理生育服务登记的机构是现居住地的乡(镇)人民政府或者街道办事处。

办理生育服务登记时需提供证明材料主要有:夫妻双方的居民身份证、结婚证、女方的婚育证明和男方的婚育情况证明材料。这里提到的"女方婚育证明",是指《条例》中规定的成年育龄妇女外出前应办理的证件；男方婚育情况应包括男方的姓名、婚姻现状、生育情况等内容。

本条第二款规定了办理生育服务登记机构的工作程序和办理时限：

（一）受理当事人的申请

（二）核实情况

受理申请的现居住地乡（镇）人民政府、街道办事处应当在 7 个工作日内通过电话、传真信函、电子邮件、流动人口计划生育信息管理系统等方式，与当事人户籍所在地乡（镇）人民政府、街道办事处取得联系，核实申请人提交的证明材料的真实性。

（三）反馈核实信息

户籍所在地乡（镇）人民政府、街道办事处应当在接到现居住地的核实要求后，认真核查当事人的婚育情况，在 15 个工作日内采取有效方式向现居住地反馈有关情况。

（四）办理生育服务登记

现居住地根据流动人口户籍所在地反馈的信息决定是否办理生育服务登记：

1. 对于核查无误的，即时办理；

2. 对于核实结果与当事人提供证明情况不符，需要进一步核实情况的，应暂缓办理，并书面说明理由；

3. 对于不符合办理第一个子女生育服务登记条件的，不予办理，并书面说明理由。

当事人回户籍所在地办理第一个子女生育服务登记的，户籍所在地不得拒绝办理。在工作过程中，两地要提高办事效率，不得拖延办理或者拒绝办理，不得提供虚假信息。

第三款是关于现居住地通报办理结果及时限的规定。现居住地乡（镇）人民政府、街道办事处在为当事人办理生育服务登记后，向其户籍所在地乡（镇）人民政府、街道办事处通报，通报时限为自办理生育服务登记之日起15个工作日。本款规定是为了便于当事人户籍所在地及时了解流动人口在现居住地的生育等情况。

育龄夫妻在现居住地生育的第一个子女的户籍登记，按照户籍管理有关规定执行。

**第十七条** 出具婚育证明或者其他计划生育证明材料，不得收取任何费用。

流动人口计划生育工作所需经费，按照国家有关规定予以保障。

【释义】本条是关于免费办理婚育证明等流动人口计划生育证明材料，以及流动人口计划生育工作经费保障的规定。

第一款是关于免费发放和办理婚育证明等计划生育证明材料的规定。婚育证明管理制度是流动人口计划生育工作的主要制度之一，是现阶段加强基层流动人口计划生育服务管理的重要载体。中央《决定》和《国务院关于解决农民工问题的若干意见》（国发〔2006〕5号）都明确规定免费办理婚育证明。从2005年起，各地已按照国家有关规定，对婚育证明办理实行免费。为保障流动人口权益，各地应按照《条例》规定，在为流动人口办理婚育证明时，严禁搭车收费。本条还明确规定两地人口计生部门在为流动人口办理其他计划生育证明材料，如生育服务登记、男方婚育证明材料时，禁止收取任何费用。

第二款是关于流动人口计划生育工作经费保障的规定。《人口与计划生育法》明确规定"各级人民政府应当保障人口与计划生育工作必要的经费"。流动人口计划生育工作是我国人口与计划生育工作的重要组成部分。对流动人口开展和实施计划生育服务和管理工作是政府履行社会管理和公共服务的职能要求,对流动人口计划生育服务管理工作的财政投入属于国家经济社会发展的基础性投入。中央《决定》已明确规定,把进城务工人员计划生育管理服务经费纳入各级财政预算。《国务院关于解决农民工问题的若干意见》也明确提出"输入地政府要把农民工计划生育管理和服务经费纳入地方财政预算,提供国家规定的计划生育、生殖健康等免费服务项目和药具"的工作要求,这些规定都为人口计生部门加强流动人口计划生育服务和管理经费保障提供了依据。据此,各级政府应将流动人口纳入现居住地人口总数,把流动人口计划生育服务管理经费纳入财政正常的预算支出范围,并建立稳定增长的经费保障机制。

要加强部门预算管理,优化支出结构,确保法律法规规定的流动人口管理和服务所必需的经费,为满足流动人口计划生育/生殖健康需求,创新管理服务模式,提高服务水平提供支持和保障。

流动人口计划生育服务管理工作经费主要包括:免费技术服务、宣传教育、信息统计、奖励优待、考核评估、工作人员报酬及其他相关工作经费。

**第十八条** 地方各级人民政府和政府有关部门以及协助查验婚育证明的村民委员会、居民委员会及其工作人员,应当对涉及公民隐私的流动人口信息予以保密。

【释义】本条是关于对涉及流动人口隐私信息予以保密的规定。

隐私是指公民享有的其与公共利益无关的个人信息,私人生活与私人空间,他人未经允许不得非法侵扰、知悉、搜集和公开。《政府信息公开条例》规定:"行政机关不得公开涉及国家秘密、商业秘密、个人秘密的政府信息。"本条规定的保密责任主体,既包括地方各级人民政府和政府有关部门及其工作人员,又包括村民委员会、居民委员会及其工作人员。因此,各级人口计生部门在流动人口计划生育服务和管理工作中,如信息采集、登记、通报、办理计划生育证明、查验婚育证明等环节,对涉及流动人口身份证号码、避孕节育措施、人工终止妊娠等信息,应当予以保密。

**第十九条** 县级以上人民政府人口和计划生育部门未依照本条例的规定履行流动人口计划生育工作职责的,由本级人民政府或者上级人民政府人口和计划生育部门责令改正,通报批评;情节严重的,对主要负责人、直接负责的主管人员和其他直接责任人员依法给予处分。

【释义】本条是对县级以上人民政府人口和计划生育部门流动人口计划生育工作法律责任的规定。

县级以上人口和计划生育部门承担着流动人口计划生育工作重要职责。本条规定的目的在于督促县级以上人口和计划生育部门及其工作人员依法做好流动人口计划生育工作。追究法律责任的主体是本级人民政府或者上一级人口和计划生育行政部门,比如,县级人口和计划生育部门未履行《条例》第五条第二款规定流动人口计划生育工作职责的,由县级人民政府或者设区的市级人口和计划生育行政部门追究其法律责任。

追究法律责任的对象既包括县级以上人口和计划生育部门,也包括部门的主要负责人、直接负责的主管人员以及其他直接责任人员。追究法律责任的形式:一是对部门要求责令改正,通报批评。责令改正就是要求县级以上人口和计划生育部门及时纠正过错,消除违法行为后果。通报批评是对违反《条例》规定的县级以上人口和计划生育部门以书面形式在一定范围内进行公开批评,予以告诫。二是情节严重的,对主要负责人、直接负责的主管人员和其他直接责任人员，依法给予处分。情节严重主要表现为，不落实流动人口计划生育管理和服务措施，造成流动人口政策外生育失控的；对基层违法行政行为不及时纠正，姑息纵容，造成流动人口严重人身伤害和财产损失等。本条"依法给予处分"的依据是《中华人民共和国公务员法》、《行政机关公务员处分条例》。处分的种类包括：警告、记过、记大过、降级、撤职和开除。

第二十条 流动人口户籍所在地的乡（镇）人民政府或者街道办事处在流动人口计划生育工作中有下列情形之一的，分别由乡（镇）人民政府的上级人民政府或者设立街道办事处的人民政府责令改正，通报批评；情节严重的，对主要负责人、直接负责的主管人员和其他直接责任人员依法给予处分：

（一）未依照本条例规定为流动人口出具计划生育证明材料，出具虚假计划生育证明材料，或者出具计划生育证明材料收取费用的；

（二）违反本条例规定，要求已婚育龄妇女返回户籍所在地进行避孕节育情况检查的；

（三）未依法落实流动人口计划生育奖励、优待的；

（四）未依照本条例规定向流动人口现居住地的乡（镇）人民政府、街道办事处反馈流动人口计划生育信息的；

（五）违反本条例规定的其他情形。

【释义】本条是关于流动人口户籍所在地乡（镇）人民政府和街道办事处流动人口计划生育工作法律责任的规定。

乡（镇）人民政府和街道办事处直接面向流动人口育龄群众，《条例》此次修订的特点之一就是具体规定了户籍所在地和现居住地乡（镇）人民政府和街道办事处的职责和法律责任。根据长期实践经验，本条规定户籍所在地乡（镇）人民政府和街道办事处应当承担法律责任的五种具体情形，目的在于保障流动人口计划生育合法权益，保障正常的计划生育管理秩序，督促乡（镇）人民政府和街道办事处及其工作人员依法履行职责。

第（一）项是针对出具计划生育证明材料过程中的违法行为，主要是指违反《条例》第七条第二款、第十六条第（三）项、第十七条第一款规定的情形。实践中，流动人口在办理有关计划生育证明时遇到阻碍的情形在一些地方时有发生。无正当理由拒绝或拖延办理婚育证明、在办理婚育证明或者其他证明材料时收取费用等都是第一项所规定情形的具体表现。出具虚假的计划生育证明材料，是破坏计划生育管理秩序的行为，也为《条例》所禁止。《人口与计划生育法》第三十七条对出具证明的单位有过错的，也有相应规定。

第（二）项是针对强行要求已婚育龄妇女返回户籍所在地进行避孕节育情况检查的行为，指违反《条例》第十三条第二款规定的情形。1998年《办法》对此也作出了相应规定，但实践中，一些地方仍存在要求已婚育龄妇女回户籍所在地接受避孕节育情况检查的情况，是群众反映比较突出的问题之一，因此《条例》明确作出禁止性规定，而且新增了相应的法律责任规定，以保证流动人口在现居住地正常的工作生活不受影响。

第（三）项主要是针对未落实计划生育奖励优待行为，即指违反《条例》第十一条第二款规定的情形。户籍所在地乡（镇）人民政府或者街道办事处应当依法落实流动人口的奖励、优待而未予落实。对于失职、渎职，有条件落实而不落实有关奖励、优待的，流动人口有权要求落实。

第（四）项针对未依法落实信息通报责任的行为，主要是指违反《条例》第六条第二款、第十六条第二款规定的情形。

具体表现包括，不反馈或不及时反馈流动人口婚育情况、避孕节育情况、社会抚养费缴纳情况等信息。

第（五）项规定违反《条例》规定的其他情形也应当追究法律责任。

本条被追究责任的主体包括流动人口户籍所在地乡（镇）人民政府和街道办事处以及乡（镇）人民政府和街道办事处主要负责人、直接负责的主管人员和其他直接责任人员。追究法律责任的形式有责令改正、通报批评和行政处分。

"情节严重的"主要表现，如，应当出具计划生育证明材料而不出具，或者收取费用，涉及人数较多、数额较大，造成恶劣影响的；徇私舞弊，多次出具虚假证明材料，造成多人违法生育的；多次或大范围要求已婚育龄妇女返回户籍所在地进行避孕节育检查的；有条件落实，但故意不落实流动人口计划生育奖励、优待，涉及人数较多，造成较大社会影响的；多次不按规定反馈流动人口计划生育信息的。

**第二十一条** 流动人口现居住地的乡（镇）人民政府或者街道办事处在流动人口计划生育工作中有下列情形之一的，分别由乡（镇）人民政府的上级人民政府或者设立街道办事处的人民政府责令改正，通报批评；情节严重的，对主要负责人、直接负责的主管人员和其他直接责任人员依法给予处分：

（一）未依照本条例规定向育龄夫妻免费提供国家规定的基本项目的计划生育技术服务，或者未依法落实流动人口计划生育奖励、优待的；

（二）未依照本条例规定查验婚育证明的；

（三）未依照本条例规定为育龄夫妻办理生育服务登记，或者出具虚假计划生育证明材料，或者出具计划生育证明材料收取费用的；

(四) 未依照本条例规定向流动人口户籍所在地的乡 (镇) 人民政府、街道办事处通报流动人口计划生育信息的;

(五) 违反本条例规定的其他情形。

**【释义】** 本条是关于流动人口现居住地乡镇人民政府和街道办事处流动人口计划生育工作法律责任的规定。

第 (一) 项针对未落实免费计划生育技术服务和奖励优待的行为,主要是指违反《条例》第六条第一款、第十条和第十一条第一款规定的情形。现居住地有条件落实流动人口免费的计划生育服务和有关奖励优待而不落实的,应当追究法律责任。

第 (二) 项针对不依法查验婚育证明的行为,即指违反《条例》第八条规定的情形。表现为,对流动人口服务和管理不到位,责任不落实,不查验或不及时查验流动人口婚育证明,推卸流动人口计划生育服务和管理职责。

第 (三) 项针对办理生育服务登记和出具计划生育证明材料过程的行为,主要是指违反《条例》第十六条、第十七条规定的情形。主要表现为,对于证件齐全,符合条件的流动人口育龄夫妻,拖延办理或者拒不办理生育服务登记;在出具避孕节育情况证明或其他相关证明时收取费用的;出具虚假的计划生育证明材料的。

第 (四) 项针对未依法通报流动人口计划生育信息行为,主要是指违反《条例》第六条第二款、第十三条第二款、第十六条第二款、第三款规定的情形。

第 (五) 项规定违反《条例》规定的其他情形也应当追究法律责任。

本条被追究责任的主体包括流动人口现居住地乡 (镇) 人民政府和街道办事处以及乡 (镇) 人民政府和街道办事处主要负责人、直接负责的主管人员和其他直接责任人员。追究法律责任的形式有责任改正、通报批评和行政处分。

"情节严重的"主要表现，如未依法落实免费计划生育技术服务、奖励、优待，涉及人数较多，影响较大的；不查验流动人口婚育证明，不落实管理责任，造成生育失控的；拖延或者拒绝为育龄夫妻办理生育服务登记、出具虚假计划生育证明材料、出具计划生育证明材料时收取费用等行为多次发生，造成严重后果的；多次不按照规定反馈流动人口计划生育信息的。

第二十二条 流动人口现居住地的县级人民政府公安、民政、人力资源社会保障、卫生等部门和县级工商行政管理部门违反本条例第九条规定的，由本级人民政府或者上级人民政府主管部门责令改正，通报批评。

【释义】本条是关于流动人口现居住地县级相关部门法律责任的规定。

《条例》第九条规定流动人口现居住地县级相关部门的职责，一是将流动人口计划生育工作纳入相关管理制度；二是及时通报了解到的流动人口婚育证明等计划生育信息。对没有将流动人口计划生育工作纳入相关管理制度、没有主动了解流动人口计划生育信息、没有及时向人口和计划生育通报的相关部门要追究法律责任。追究法律责任的形式包括责令改正，通报批评。追究法律责任的主体是县级人民政府或者其上级主管部门。

第二十三条 流动人口未依照本条例规定办理婚育证明的，现居住地的乡（镇）人民政府或者街道办事处应当通知其在3个月内补办；逾期仍不补办或者拒不提交婚育证明的，由流动人口现居住地的乡（镇）人民政府或者街道办事处予以批评教育。

【释义】本条是关于流动人口未按规定办理和提交婚育证明

所应承担法律责任的规定。

《条例》第七条、第八条规定了流动人口中成年育龄妇女办理和提交婚育证明的义务,成年育龄妇女在离开户籍所在地前应当办理婚育证明,并自到达现居住地之日起30日内提交婚育证明。

按照本条规定,现居住地的乡(镇)人民政府或者街道办事处在对流动人口进行日常服务和管理过程中,发现流动人口未按规定办理婚育证明的,应当及时告知,通知其在3个月内补办。

本条规定对逾期不补办或者拒不提交婚育证明的成年育龄妇女,现居住地的乡(镇)人民政府或者街道办事处应当给予批评教育。

**第二十四条** 用人单位违反本条例第十五条规定的,由所在地县级人民政府人口和计划生育部门责令改正,通报批评。

房屋租赁中介机构、房屋的出租(借)人和物业服务企业等有关组织或者个人未依照本条例规定如实提供流动人口信息的,由所在地的乡(镇)人民政府或者街道办事处责令改正,予以批评教育。

**【释义】** 本条是关于用人单位以及房屋租赁中介机构等有关组织或者个人有关法律责任的规定。

本条第一款是关于用人单位不履行流动人口计划生育管理责任的法律责任规定。《条例》第十五条规定,用人单位应当履行以下两项责任:一是做好本单位流动人口计划生育工作,依法落实法律、法规和规章规定的流动人口计划生育奖励和优待;二是接受所在地的乡(镇)人民政府或者街道办事处和县级以上地方人民政府人口和计划生育部门的监督、检查。用人单位违反上述规定的,如未落实所在单位流动人口实行计划生育手术所享有的休假、晚婚晚育休假等，拒绝接受和配合所在地乡（镇）人民政府或者街道办事处和县级以上地方人民政府人口和计划生育部门的监督、检查等行为，应当追究法律责任。追究法律责任的形式包括责令改正，通报批评。追究法律责任的主体是县级人民政府人口和计划生育部门。

本条第二款是关于房屋租赁中介机构等有关组织或者个人未如实提供流动人口计划生育相关信息的法律责任规定，即违反《条例》第十四条第二款规定的情形。随着经济社会的发展，一些出租屋、封闭住宅区的流动人口服务和管理工作遇到了新的问题，房屋租赁中介机构、房屋的出租（借）人和物业服务企业等有关组织或者个人拒不配合，使有关组织和机构不能及时掌握流动人口的相关信息。针对这种情况，《条例》在规定其如实提供流动人口计划生育情况相关信息义务的同时，设定了相应的法律责任。追究法律责任的形式包括责令改正和批评教育。追究法律责任的主体是其所在地的乡（镇）人民政府或者街道办事处。

**第二十五条** 本条例自2009年10月1日起施行。1998年8月6日国务院批准、1998年9月22日原国家计划生育委员会发布的《流动人口计划生育工作管理办法》同时废止。

**【释义】** 本条是关于《流动人口计划生育工作条例》生效时间的规定。

法律、法规的实施时间也就是法律的生效时间。根据《行政法规制定程序条例》第二十九条规定，行政法规应当自公布之日起30日后施行。《条例》于2009年5月11日公布，自2009年10月1日施行，主要是考虑经过一段时间的宣传、教育和学习，使各级人民政府、人口和计划生育部门和相关部门工作人员及公民个人、法人和其他组织熟悉、理解、掌握《条例》

所确立的各项制度和规定,为更好地贯彻实施《条例》打下扎实的基础。

此外,本条还规定了自《条例》实施之日起,1998年8月6日国务院批准、1998年9月22日原国家计划生育委员会发布的《流动人口计划生育工作管理办法》同时废止。此前,根据《流动人口计划生育工作管理办法》制定的地方性法规、规章,要及时对照《条例》进行清理,凡是与《条例》规定不符合的,要加以修改或废止。

# 流动人口计划生育管理和服务工作若干规定

国家人口和计划生育委员会令

第9号

《流动人口计划生育管理和服务工作若干规定》已经国家人口和计划生育委员会主任会议审议通过，现予发布，自2004年1月1日起施行。

国家人口和计划生育委员会主任
二〇〇三年十二月一日

第一条 为进一步提高流动人口计划生育管理和服务水平，维护流动人口实行计划生育的合法权益，稳定低生育水平，促进人口与经济、社会的协调发展，根据《中华人民共和国人口与计划生育法》、《流动人口计划生育工作管理办法》（以下简称《办法》）和国务院有关文件精神，制定本规定。

第二条 流动人口计划生育工作是新时期我国人口与计划生育工作的重要组成部分。各级人口与计划生育部门应当把流动人口计划生育工作纳入人口与计划生育事业发展规划，统筹管理。

流动人口计划生育工作应当坚持公平对待、合理引导、完善管理、优质服务的原则，坚持以人为本、管理与服务相结合，保障流动人口依法享有生育权利，依法获得人口和计划生育科普教育、计划生育技术和生殖保健服务，以及法律、法规规定的其他各项权利。

**第三条** 建立流动人口计划生育综合管理服务机制和目标管理责任制。各级人口和计划生育部门应当在当地人民政府的统一领导和社会治安综合治理领导小组的协调指导下，会同公安、民政、劳动和社会保障、建设、卫生、工商等有关部门，充分发挥村（社区）居民自治组织的作用，对流动人口计划生育工作实行综合决策、综合管理，共同做好管理和服务工作。

**第四条** 流动人口计划生育工作，实行现居住地和户籍所在地人民政府共同管理，以现居住地管理为主的原则。

各级人口和计划生育部门应当明确各业务机构在流动人口计划生育管理与服务中的职责。流动人口较多的地方应根据需要，设立流动人口计划生育管理机构，配备必要的专（兼）职工作人员。

**第五条** 现居住地应将流动人口计划生育工作纳入本地区经常性管理和服务范围，实行与户籍人口同宣传、同服务、同管理。

流动人口已婚育龄妇女是计划生育管理服务的重点，现居住地应为其提供计划生育、生殖保健的宣传咨询和技术服务。

为男性和女性未婚流动人口提供相应的计划生育宣传教育和咨询服务。

**第六条** 流动人口户籍地应依法落实流出人口的计划生育奖励政策；现居住地应当向流入人口提供与户籍人口同等的计划生育技术服务。

实行计划生育的流动人口育龄夫妻免费享受国家规定的基本项目的计划生育技术服务。

现居住地人口和计划生育部门应主动协调有关部门、社区，按照地方法规的有关规定，对实行计划生育的流动人口家庭，在就业、就医、子女入托、入学等方面提供优惠服务。

**第七条** 流动人口户籍地乡（镇）人民政府或者街道计划生育工作机构的职责：

（一）为流出人口办理《流动人口婚育证明》（以下简称《婚育证明》）；

（二）对流动人口开展多种形式的人口与计划生育宣传教育；

（三）指导流动人口已婚育龄妇女知情选择安全、有效、适宜的避孕节育措施，适时提供随访服务；

（四）根据本地实际，坚持公民权利与义务相统一的原则，与流出人口已婚育龄妇女签订计划生育合同；

（五）建立与现居住地的经常性联系协调制度，做好流动人口计划生育管理服务的信息沟通和反馈工作；

（六）帮助实行计划生育的流动人口家庭，解决生产、生活、生育方面的实际困难；落实有关法律、法规规定的奖励、优惠政策；

（七）法律、法规及当地县级以上人民政府规定的其他职责。

**第八条** 流动人口现居住地乡（镇）人民政府或者街道计划生育工作机构的职责：

（一）查验流动人口《婚育证明》，督促未办理《婚育证明》的流动人口在规定期限内补办；

（二）建立已婚育龄流动人口登记制度，及时掌握流动人口生育变动信息；

（三）将流动人口计划生育工作纳入城市社区或村（居）民委员会计划生育宣传教育、日常管理服务和统计评估考核；

（四）落实流动人口计划生育综合治理各项制度，按照"谁出租谁负责、谁经营谁负责、谁用工谁负责"的原则，将流动人口计划生育工作纳入社会治安、出租屋管理、物业管理、市场管理和劳动用工等相关管理工作中；

（五）为流动人口已婚育龄妇女提供优质的避孕节育、生殖保健服务，定期开展计划生育和生殖健康检查，及时准确地出具《流动人口避孕节育情况报告单》（以下简称《报告单》），将流动人口在现居住地的结婚、生育状况通报其户籍所在地；

（六）在当地人民政府的统一领导下，将流动人口计划生育工作纳入企业、事业单位法定代表人计划生育工作目标管理责任制；

（七）支持、鼓励和指导流动人口相对集中的社区和用工单位建立流动人口计划生育协会组织，开展计划生育的自我教育、自我管理、自我服务；

（八）法律、法规及当地县级以上人民政府规定的其他职责。

**第九条** 已婚流动人口应当按照《办法》的有关规定在离开户籍地时办理《婚育证明》；在到达现居住地后主动交验《婚育证明》。流动人口已婚育龄妇女应定期寄回《报告单》。

**第十条** 办理《婚育证明》应坚持便民原则，提供便捷服务。

户籍地应及时为流出人员办理《婚育证明》提供服务，逐步实行进村（社区）入户办证，切实提高办证率。

现居住地在查验《婚育证明》时，对未持有全国统一格式《婚育证明》的，应要求其在规定期限内补办。在限期补办期间，现居住地可为其办理临时《婚育证明》。

未办理《婚育证明》，符合下列条件的，可由现居住地人口和计划生育部门办理《婚育证明》，并将办理情况通报其户籍地：

（一）经核实，婚姻、生育信息完整、准确的；
（二）在现居住地依法办理暂住登记或居民登记1年以上，并具有稳定职业和住所的；
（三）已采取绝育措施的。

现居住地为流动人口办理的《婚育证明》，在办证机关所在县（市、区）范围和规定期限内有效。

**第十一条** 现居住地人口和计划生育部门可委托取得《计划生育技术服务机构执业许可证》的计划生育技术服务机构，或指定的具有《医疗机构执业许可证》的医疗保健机构，为流动人口提供安全、有效、适宜的计划生育技术服务。

已婚育龄流动人口接受国家和地方人民政府规定的基本项目的计划生育技术服务费用，由现居住地人民政府财政负担；有用工单位的，由用工单位负担。

**第十二条** 加强对流动人口计划生育技术服务质量的管理，实行避孕方法的知情选择，提倡采取长效避孕节育措施。积极开展生殖保健和咨询服务活动，满足流动人口的生殖健康服务需求。

流动人口在现居住地实行计划生育手术发生的手术并发症，由现居住地县以上人口和计划生育部门按照国家人口计生委计划生育手术并发症鉴定管理有关规定负责受理、鉴定和处理工作。

在现居住地实行计划生育手术发生的技术服务事故，按照《医疗事故处理条例》的有关规定处理。

**第十三条** 建立流动人口户籍地与现居住地的计划生育信息交换和反馈制度。

（一）国家建立全国流动人口计划生育信息交换平台，负责省际间流动人口计划生育信息的交换；各省（区、市）建立本省内流动人口计划生育信息交换平台，实行省内流动人口计划生育信息交换；

（二）建立有效的双向交流和协调制度。现居住地与户籍地应通过信息交换平台以及其它方法提交、反馈有关信息，重点是流动人口已婚育龄妇女的婚姻、生育、生殖保健服务、避孕节育措施、持证和缴纳社会抚养费等情况。信息交换应准确、有效，并在规定时限内完成；

（三）现居住地与户籍地的县级人口和计划生育部门负责本辖区流动人口计划生育有关信息的收集、反馈及协调工作；

（四）纸质信息反馈应使用国家人口和计划生育委员会统一格式的《流动人口已婚育龄妇女生育信息通报单》和《报告单》。

第十四条 跨省流动人口夫妻拟生育第一个子女，符合下列条件之一的，可由现居住地人口和计划生育部门按照现居住地有关规定办理生育服务证件：

（一）男方为现居住地的户籍人口，女方因婚姻事实迁入现居住地或所生子女可随父落户的；

（二）夫妻双方在现居住地共同居住1年以上，有稳定的职业和住所，且具有常住倾向的；

现居住地在为流动人口办理生育服务证件前，应向其户籍地了解有关情况，户籍地应在30日内予以情况反馈；办理生育服务证件后，现居住地应及时向其户籍地乡（镇）或街道计划生育工作机构通报有关情况。

流动人口生育子女的户籍登记，按户籍管理有关规定执行。

第十五条 跨省流动人口在现居住地办理一孩生育服务证件，应提交下列证明材料：

（一）夫妻双方的《居民身份证》；

（二）夫妻双方的《结婚证》；

（三）《婚育证明》或户籍地乡（镇）、街道计划生育工作机构为其出具的婚育情况证明；

（四）夫妻双方要求生育第一个子女的申请。

流动人口在办理计划生育有关证明时弄虚作假，导致不符合法律、法规规定的生育行为发生，由当事人承担相应的法律责任。

**第十六条** 流动人口本人或现居住地人口和计划生育部门要求户籍地人口和计划生育部门出具婚育情况证明的，户籍地人口和计划生育部门应如实出具，无正当理由，不得拒绝。

**第十七条** 流动人口申请再生育的，依照女方户籍地有关规定办理。户籍地人口和计划生育部门应依法审批，对符合生育规定的，不得拒绝和拖延。

**第十八条** 户籍地与现居住地应当互相配合，按照国务院《社会抚养费征收管理办法》的有关规定，共同做好流动人口社会抚养费的征收工作。人口和计划生育部门不得因同一事实重复征收社会抚养费。

违法生育行为发现地不是其户籍所在地的，发现地人口和计划生育部门在作出征收决定之前，应先向当事人户籍地人口和计划生育部门通报有关情况，协商确定征收事宜，并按下列规定执行：

（一）对确定由现居住地征收的，户籍地人口和计划生育部门应当协助提供当事人实际收入和当地城镇居民年人均可支配收入（农村居民年人均纯收入）的数额。

（二）对确定由户籍地征收的，现居住地人口和计划生育部门应当协助征收。

（三）征收地不能一次性征收完毕的，可委托当事人户籍地或现居住地继续征收。

（四）执行征收或协助征收、受委托征收社会抚养费的，应按照规定上缴国库，并及时向对方通报征收情况。

**第十九条** 各级人口和计划生育部门应当依照有关规定，建立健全流动人口计划生育统计制度，做好经常性的流动人口计划生育统计工作。

现居住地负责流动人口的出生统计，录入微机上报，并向户籍地反馈出生信息。

省、市、县三级的人口计划应包含流动人口的有关计划。

**第二十条** 建立和完善流动人口计划生育工作目标考核评估制度。根据现居住地管理为主的原则和户籍地与现居住地的实际情况，分别制定对人口和计划生育部门以及相关部门的流动人口计划生育工作考核评估办法。

现居住地重点考核评估对流入人口的计划生育宣传教育和技术服务落实情况、综合治理情况以及对流入人口中已婚育龄妇女有关证件的验证情况和通过流动人口信息交换平台提交信息的情况等。

户籍地重点考核评估对流出人口的计划生育宣传教育和避孕节育措施落实情况、奖励措施落实情况以及为流出人口中已婚育龄妇女办理相关证件情况和通过流动人口信息交换平台向现居住地反馈信息情况等。

省级人口和计划生育部门负责省内流动人口计划生育工作的考核评估。国家人口和计划生育委员会负责省际流动人口计划生育工作的考核评估，每年通过信息交换平台和抽查等方式，考核评估流动人口现居住地和户籍地管理与服务工作落实情况。

**第二十一条** 各级人口和计划生育部门应当在地方人民政

府领导下，协调有关部门，为流动人口计划生育工作提供必需的经费投入，并按下列规定予以保障：

（一）按照"分级管理、分级负担"的原则，将流动人口计划生育管理与服务所需经费纳入同级财政预算，并按照有关规定，采取多种渠道加以解决；

（二）逐步实行国家、省（区、市）内流动人口计划生育技术服务经费和药具经费统一结算制度；

（三）在核定本地区计划生育工作经费时，应包含外来流动人口管理和技术服务等经费，保证与户籍人口人均经费的同等投入水平。

第二十二条　各级人口和计划生育部门应建立流动人口计划生育政务公开制度和人民来信来访工作责任制度。人口和计划生育工作人员应当严格依法行政，文明执法，不得侵犯流动人口的人身权、财产权和其他合法权益。

第二十三条　人口和计划生育部门及其工作人员违反本规定，有下列情形之一的，由上级人口和计划生育部门责令改正；情节严重的，给予通报批评，对直接负责的主管人员和其他直接责任人员依法给予行政处分：

（一）无正当理由拒绝或违反当地有关规定拖延办理《婚育证明》或生育审批手续的；

（二）擅自增设流动人口收费项目，提高收费标准或搭车收费、乱收费的；

（三）户籍地在流动人口现居住地设立孕检站点的；

（四）无正当理由拒绝承认流动人口现居住地计划生育技术服务机构或指定的医疗保健机构出具的《报告单》的；

（五）已获得流动人口已婚育龄妇女《报告单》或信息交换平台反馈的避孕节育信息，仍要求其返回户籍地接受避孕节育情况检查的；

（六）出具虚假《报告单》的；

（七）违反本规定第十八条规定，造成严重后果的。

**第二十四条** 违反本规定第十八条规定的，由上一级人口和计划生育部门责令作出征收决定的行政机关变更或者撤销征收决定。

**第二十五条** 本规定自 2004 年 1 月 1 日起施行。

# 人口和计划生育信访工作规范化管理办法（试行）

人口厅发〔2005〕91号

## 第一章 总 则

**第一条** 为规范信访工作，充分发挥信访部门的职能作用，提高工作质量和效率，依据《信访条例》制定本办法。

**第二条** 信访工作应当坚持属地管理、分级负责，谁主管、谁负责，依法、及时、就地解决信访问题与疏导教育相结合的原则。

**第三条** 信访工作应为信访人服务、为人口和计划生育全局工作服务、为领导科学决策服务。

**第四条** 各级人口和计划生育行政部门（以下简称人口计生部门）工作人员办理信访事项，应当恪尽职守、秉公办事，维护信访人的合法权益。

**第五条** 实行信访工作目标管理责任制，纳入人口计生目标责任考核中，统一奖惩。

**第六条** 信访人反映的情况，提出的建议、意见，对人口和计划生育工作有贡献的，人口计生部门应当给予奖励。

对在信访工作中做出突出成绩的单位和个人，由有关部门给予奖励。信访机构及其工作人员应当在评选综合性先进中占一定比例。

## 第二章 机构职责

**第七条** 各级人口计生部门应当建立信访工作领导小组，

建立行政首长负责、领导接访日、领导包案等制度。

**第八条** 县级以上人口计生部门应当设立信访工作机构,具体负责信访工作,并配备专职信访工作人员,配备必要的工具,落实信访津贴。

**第九条** 信访工作机构应履行下列职责:

(一)负责登记信访事项。

(二)负责转送本级人口计生部门内部其他职能部门应当办理的信访事项,交办下级人口计生部门应当办理的信访事项。

(三)负责督促、催办逾期未反馈办理结果的信访事项。

(四)负责归档整理结案的信访事项。

(五)负责统计、分析信访事项,提出建议和意见。

(六)负责上报重大的信访事项,提出解决问题的意见和建议。

(七)负责协调重大疑难信访案件的调查研究和处理工作。

(八)其他应当办理的信访事项。

**第十条** 各级人口计生部门内部各职能部门,应当按照各自职责,办理信访事项。

(一)政策法规部门负责有关政策法规重大疑难问题咨询的解释和答复;负责有关生育审批方面咨询的解释和处理;参与对影响较大的违法生育案件的调查研究和处理工作。

(二)宣传教育部门负责办理涉及社会宣传的信访事项。

(三)发展规划部门负责有关统计管理和人口发展战略研究方面咨询的解释;参与查处统计管理方面发生的比较重要的举报案件。

(四)财务部门负责办理涉及计划生育有关经费及奖励扶助资金等方面的信访事项。

（五）科技部门负责涉及计划生育技术服务等方面信访事项的咨询和答复；负责节育手术并发症信访事项的政策解释。

（六）人事部门负责办理涉及人口计生系统有关机构、编制、计生干部待遇等方面的信访事项。

（七）监察部门负责办理涉及干部违纪的信访事项。

（八）各职能部门应当按照各自职责，参与对重大疑难信访案件的调查研究和处理工作。各职能部门负责人负责对涉及本部门决策和重大疑难信访事项提出研究、处理意见。

第十一条　各级人口计生部门应当建立信访工作联席会议制度，研究重大、复杂、疑难的信访事项，提出处理意见。

## 第三章　信访事项的受理

第十二条　各级人口计生部门应当向社会公布通讯地址、电子信箱、投诉电话、信访接待的时间和地点、查询信访事项处理进展及结果的方式等相关事项。

县级以上人口计生部门应当在其信访接待场所或网站公布与信访工作有关的法律、法规、规章，信访事项的处理程序，以及其他为信访人提供便利的相关事项。

第十三条　各级人口计生部门应当按照本部门工作职责明确信访事项受理范围。对属于本部门法定职权范围的信访事项，应当受理，不得推诿、敷衍、拖延；对不属于本部门职权范围的信访事项，应当告知信访人向有权的机关提出。

第十四条　信访人采用书面形式提出的信访事项，信访工作人员拆封后，应及时装订整齐，加盖收戳，确定是否属于受理范围。登记保存随信寄来的钱物、录音（像）带、各种证件，以挂号邮寄的形式转出或退还本人并详细登记。

信访人采用走访形式提出的信访事项，信访工作人员应当核实信访人身份和人数。

**第十五条** 信访工作机构应当对采用书面、走访、口头形式提出的信访事项分类登记，载明以下事项：

（一）注明提出信访事项的时间、信访人姓名、户籍地或现居住地、工作单位、事发地点和时间、涉及的单位和人员以及请求、事实、理由。

（二）标明是否重信、联名信，注明来信人数，检举揭发信注明被检举揭发人的姓名和单位及职务。

（三）记录有关处理情况。

**第十六条** 信访工作机构应当自收到信访事项之日起15个工作日内确定直接处理或转送、交办，并书面告知信访人。

对转送、交办下级人口计生部门处理的，下级人口计生部门应当自收到转送、交办信访事项之日起15日内决定是否受理并书面告知信访人。信访人的姓名（单位名称）、住址不清的除外。

各级人口计生部门应当互相通报信访事项的受理情况。

## 第四章 信访事项的办理和督办

**第十七条** 对决定受理的信访事项，承办信访事项的单位应当对信访事项进行调查，收集证据。调查时，调查人员不得少于2人，并应当向被调查人出示证件。调查应当制作笔录。调查人员与被调查人有直接利害关系的，应当回避。

对重大、复杂、疑难的信访事项，可以举行听证。调查终结，调查人员应当向信访事项的承办单位提交调查报告，并由单位负责人进行审查。

**第十八条** 承办单位应当依照有关法律、法规、规章及其他有关规定，分别作出以下处理，并书面答复信访人：

（一）请求事实清楚，符合法律、法规、规章或者其他有关规定的，予以支持。

（二）请求事由合理但缺乏法律依据的，应当对信访人做好解释工作。

（三）请求缺乏事实根据或者不符合法律、法规、规章或者其他有关规定的，不予支持。

信访事项应当自受理之日起 60 日内办结，情况复杂的，经本单位负责人批准，可以适当延长办理期限，但延长期限不得超过 30 天，并告知信访人延期理由。

对上级人口计生部门转送、交办的信访事项，在告知信访人处理意见的同时，应当向上级人口计生部门提交办结报告。

**第十九条** 对具有下列情形之一的，应当采取发函、打电话、会商协调等形式催办督办，或者到承办单位进行检查、督促。

（一）无正当理由未按规定的办理期限办结信访事项的。

（二）未按规定反馈信访事项办理结果的。

（三）未按规定程序办理信访事项的。

（四）办理信访事项推诿、敷衍、拖延的。

（五）不执行信访处理意见的。

（六）其他需要督办的情形。

**第二十条** 信访人对承办单位作出的信访事项处理意见不服的，可以自收到书面答复之日起 30 日内请求承办单位的上一级人口计生部门复查。收到复查请求的人口计生部门应当自收到复查请求之日起 30 日内提出复查意见，并予以书面答复。

**第二十一条** 信访人对复查意见不服的，可以自收到书面答复之日起30日内向复查机关的上一级人口计生部门请求复核。收到复核请求的人口计生部门应当自收到复核请求之日起30日内提出复核意见,并予以书面答复。

第二十二条　复查、复核单位应该按照"事实清楚、定性准确、适用法律法规和政策正确,处理意见恰当、程序规范、手续完备"的要求进行调查核实。

复查、复核原则上采取书面审查的办法,必要时可以要求信访人、有关组织和人员说明情况;需要进一步核实有关情况的,可以向其他组织和人员调查。

对重大、复杂、疑难的信访事项,复查、复核单位可以举行听证,经过听证的复查、复核意见可以依法向社会公示。

## 第五章　信访信息开发利用

第二十三条　各级人口计生部门应当充分发挥信访信息的作用,确定1至2名专(兼)职信访信息员。对信访信息工作实行目标管理。

第二十四条　各省(区、市)人口计生委应当每半年、全年向国家人口和计划生育委员会报送半年、全年信访情况综合分析。平时应根据工作实际,坚持做好信访信息报送工作。地、县级人口计生部门应当根据省、地级人口计生部门的要求,向省、地级人口计生部门报送一定数量的信访信息。

重要的、突发的信访信息应立即报告上级人口计生部门,并跟踪调查、连续反馈。

第二十五条　各级人口计生部门应当充分利用现有政务信息网络资源,建立或者确定本级人口计生信访信息系统,并与上级人口计生部门、下级人口计生部门的信访信息系统实现互联互通。

## 第六章　信访统计文书和档案管理

**第二十六条**　各级人口计生部门应对来信、来访、电话访、电子访，领导阅办，立案等情况进行登记，收集原始数据，并按照《计划生育信访档案管理试行办法》的要求，建立、管理和使用信访档案。

**第二十七条**　各级人口计生部门应执行国家人口和计划生育委员会规定的信访统计表。由乡（镇）级人口计生部门起报，逐级汇总上报至国家人口和计划生育委员会。报表数据要准确、逻辑关系要正确，并严格按填表要求和定义填报。

省级人口计生部门半年报应在当年5月31日前，全年报应在当年的11月30日前报国家人口和计划生育委员会。地、县级应根据省、地级人口计生部门规定的时间，按期上报。

省级以上人口计生部门应每月分析统计数据，地（市）级应每季分析一次统计数据，县级应每半年分析一次统计数据。

**第二十八条**　各级人口计生部门在办理信访公文时，应严格按照每项公文的格式要求、写作要求和行文关系执行。

**第二十九条**　信访公文的处理，应按处理程序办理。收文处理程序：签收、登记、分发、送批、批办到承办、催办、注办、归卷等。发文处理程序：拟稿、核稿、签发、文印、核对、印章、登记、封发、注发、归卷等。

**第三十条**　信访档案应按其密级分别保管。严格借阅和调用手续，防止丢失。凡属报告单位和个人借阅所涉及的档案，除确属被诬告诬陷，经请示领导同意外，一律不予应允，以保护信访人正当民主权利。

## 第七章 附 则

**第三十一条** 信访机构及其工作人员、信访人违反《信访条例》有关规定的，依照《信访条例》进行处理。

**第三十二条** 节育并发症信访事项的处理另有规定，从其规定。

**第三十三条** 本办法由国家人口和计划生育委员会办公厅负责解释。

**第三十四条** 本办法自2006年1月1日起施行。

# 农村计划生育服务机构基础设施建设标准

关于批准发布《农村计划生育
服务机构基础设施建设标准》的通知
建标〔2005〕206号

国务院各有关部门,各省、自治区、直辖市建设厅(建委)、发展改革委:

根据建设部《关于印发〈二〇〇二年工程项目建设标准编制项目计划〉的通知》(建标〔2002〕345号)的要求,由国家人口和计划生育委员会编制的《农村计划生育服务机构基础设施建设标准》,经有关部门会审,现批准发布,自2006年3月1日起施行。本建设标准的管理由建设部和国家发展改革委负责,具体解释工作由国家人口和计划生育委员会负责。

中华人民共和国建设部
中华人民共和国国家发展和改革委员会
二〇〇五年十月二十九日

## 第一章 总 则

**第一条** 为加强和规范全国农村计划生育服务机构基础设施建设,提高工程项目投资决策和建设管理水平,更好地贯彻落实计划生育基本国策,依据《中华人民共和国人口与计划生育法》、《计划生育技术服务管理条例》及相关法律、法规,制定本建设标准。

**第二条** 本建设标准是为农村计划生育服务机构的基础设施建设项目决策和合理确定建设水平所提供的全国统一标准,是编制、评估审批农村计划生育服务机构建设项目规划、建议书和可行性研究报告以及有关部门审查项目设计和对工程项目建设全过程监督检查的重要依据。

**第三条** 本建设标准适用于人口和计划生育行政部门负责管理的县计划生育服务站、中心乡镇计划生育服务站和普通乡镇计划生育服务站的新建、改建、扩建项目建设,城市区、县级计划生育服务站建设项目可参照执行。

村级计划生育服务设施纳入农村社区建设,统筹安排。

**第四条** 农村计划生育服务机构基础设施建设必须遵循国家经济建设和人口与计划生育的有关法律、法规,从我国国情出发,根据人民群众的需求,综合考虑社会发展对计划生育和生殖健康工作提出的新的要求,因地制宜,合理确定建设规模和水平。

**第五条** 农村计划生育服务机构基础设施建设必须充分体现"以人为本"、温馨、亲切的建设理念,适应"面向基层,深入乡村,服务上门,方便群众"的服务方式,满足农村计划生育宣传教育、技术服务、优生监测、培训指导、药具管理以及计划生育事故求助等全程服务的需要,做到功能齐全、设施配套、流程合理、安全卫生。

**第六条** 农村计划生育服务机构的基础设施建设应纳入当地国民经济和社会发展计划,统筹安排,确保政府资金投入,逐步提高建设水平;对人口压力大,资金有困难的地区,国家在投资政策上予以倾斜。

**第七条** 农村计划生育服务机构基础设施建设应纳入城乡总体规划,按照方便群众、有利服务的要求,合理布局,并应按照国家公益事业建设用地的有关规定申报、征拨所需建设用地。

**第八条** 农村计划生育服务机构基础设施建设应实行一次规划同期建设；资金投入确有困难的，可统一规划分期建设。

**第九条** 农村计划生育服务机构基础设施建设除遵守本建设标准外，尚应符合国家现行的有关工程建设强制性标准的规定。

## 第二章　建设规模、内容及项目组成

**第十条** 农村计划生育服务机构基础设施建设的规模应以辖区人口数量（包括流动人口）为基本依据，兼顾人口密度、经济、地理、交通和服务半径等因素合理确定。

**第十一条** 农村计划生育服务机构分为县级计划生育服务站和乡（镇）计划生育服务站。

县级计划生育服务站按辖区人口数划分为三类：

一类站：辖区人口在 50 万人以上

二类站：辖区人口在 20—50 万人之间

三类站：辖区人口在 20 万人以下

乡（镇）计划生育服务站：按照服务范围划分为中心乡（镇）计划生育服务站和普通乡（镇）计划生育服务站。

普通乡（镇）计划生育服务站根据其服务量和技术资源分为能施行基本的避孕节育手术（一类）和不施行避孕节育手术（二类）两类。

**第十二条** 农村计划生育服务机构基础设施建设内容应包括各类用房、技术装备及配套设施。

**第十三条** 农村计划生育服务机构各类用房应具备宣传教育、技术服务、咨询培训和药具管理等功能性用房及辅助用房。

宣传教育用房应包括视听室、服务大厅、宣传品制作室（县级）等；

咨询培训用房应包括咨询室、特色咨询室、培训教室、示教室等；

技术服务用房应包括男、女诊室、男、女治疗室、女性检查室、更衣室、洗手间、手术准备室、各类手术室、术后观察室、康复室、手术器械室、治疗室、B超室、乳腺诊断室、检验室、心电图室、X光室、理疗室、计费室、微机室、档案资料室、消毒室、污物处理室、非避孕药品库、医、护办公室、护理室、会诊室等；

药具管理用房应包括药具展示自助室、药具发放室、药具库房等。

辅助用房应包括办公及食堂（备餐室）、车库、仓库、发电机房等附属用房。

**第十四条** 农村计划生育服务机构的装备应包括视听、电教、检测、手术、临床服务、电子信息、药具储存等相关设备及流动服务车、船。

## 第三章 建筑面积及有关指标

**第十五条** 农村计划生育服务机构的建筑面积按不同级别和类型分别确定。

县级计划生育服务站的建筑面积：
一类站：1800—2200平方米
二类站：1500—1800平方米
三类站：1200—1500平方米

中心乡（镇）计划生育服务站的建筑面积为800—1000平方米。

普通乡（镇）计划生育服务站一类建筑面积为300—400平方米，二类建筑面积为100—200平方米。

辖区人口超过80万或流动人口多、服务量大的地区，经申报批准，可在所列指标基础上适当增加，但不得超过同类别面积指标上限的25%。

**第十六条** 县级计划生育服务站各类用房的使用面积参照表一确定。

表一：县级计划生育服务站使用面积分配表

| 序号 | 类别 | 一类 | 二类 | 三类 | 各类用房比率 | 使用系数 | 备注 |
| --- | --- | --- | --- | --- | --- | --- | --- |
| 1 | 宣传教育 | 100—120 | 80—100 | 60—90 | 8 | | 包括视听室、服务大厅、宣传品制作等。 |
| 2 | 咨询培训 | 100—120 | 80—100 | 55—80 | 8 | | 包括咨询、特色咨询、培训教室、示范教室等 |
| 3 | 技术服务 | 720—900 | 600—720 | 510—580 | 60 | | 包括问诊、检查、手术、护理及设备等用房 |
| 4 | 药具管理 | 80—100 | 70—80 | 45—70 | 7 | | 包括库房、管理室、展示厅等 |
| 5 | 辅助用房 | 200—260 | 180—200 | 130—180 | 17 | | 包括办公及附属用房 |
| 使用面积合计（平方米） | | 1200—1500 | 1000—1200 | 800—1000 | | 0.65 | |

注：1. 表中所列各项功能用房面积指标，可根据实际需要在总面积指标范围内作适当调整。

2. 附属用房包括汽车库、食堂（或备餐室）仓库、发电机房等。

**第十七条** 乡（镇）计划生育服务站各类用房的使用面积参照表二确定。

**表二：乡（镇）计划生育服务站用房使用面积表调整**

| 序号 | 类别 | 中心乡 m² | 普通乡一类 m² | 普通乡二类 m² | 使用系数 | 备注 |
|---|---|---|---|---|---|---|
| 1 | 宣传教育 | 50—70 | 15—18 | 10—15 | | 包括服务大厅、视听室等。 |
| 2 | 咨询培训 | 50—70 | 15—18 | 10—15 | | 包括咨询、特色咨询（普通乡二类无）、培训教室等。 |
| 3 | 技术服务 | 350—470 | 130—170 | 30—45 | | 包括问诊、检查、手术、护理等用房。普通乡二类只有问诊、检查用房。 |
| 4 | 药具管理 | 60—80 | 25—30 | 10—30 | 含 | 包括库房、管理室等 |
| 5 | 辅助用房 | 90—110 | 35—44 | 10—15 | 含 | 包括工作及附属用房 |
| | 使用面积合计（平方米） | 600—800 | 220—280 | 70—120 | 0.7 | |

注：表中所列各项功能用房的面积指标，可根据实际需要在总面积指标范围内作适当

**第十八条** 县、乡计划生育服务站建设用地应根据建筑要求因地制宜，科学合理确定用地面积，建筑覆盖率不宜大于30%、容积率宜按0.5—1.0计算。绿化面积应符合当地城乡绿化面积指标的规定。

## 第四章 建筑布局及建筑标准

**第十九条** 县乡计划生育服务站的建筑应按服务功能和技术流程要求进行布置，做到分区合理，流线通畅，并设置必要的无障碍设施。

第二十条 县乡计划生育服务站应邻近城镇主要交通道路,并有停车场和外接通路,便于机动车辆出入。

第二十一条 县乡计划生育服务站的检测、诊疗、手术消毒等用房应符合《综合医院建筑设计规范》的有关规定。

第二十二条 县乡计划生育服务站的宣传教育用房应具备装置视听设备的条件。特色咨询室,应满足隐秘、温馨的要求。

第二十三条 县中心、乡(镇)计划生育服务站的培训用房参照成人教育教室要求设置。

第二十四条 县乡计划生育服务站的药具储存用房应有良好的通风,并符合《药品经营质量管理规范》的要求。

第二十五条 县乡计划生育服务站康复室应有良好的朝向、通风和采光条件,每室床位不宜超过3个,可内设卫生间或邻近公用卫生间。

第二十六条 县乡计划生育服务站的建筑装修,应体现"人文关怀"和计划生育、生殖健康的特色,与周围环境相协调并有明显标识;内部装修应符合卫生、环保、温馨、亲切的要求。

第二十七条 县乡计划生育服务站的供电应符合设备和照明用电负荷的要求。县级计划生育服务站和中心乡(镇)计划生育服务站应配备应急发电设备。

第二十八条 县乡计划生育服务站应有给排水设施并应符合国家卫生标准。

第二十九条 县乡计划生育服务站的排污和医疗废弃物的处理必须符合环保法规和有关规定。

第三十条 县乡计划生育服务站在采暖地区宜采用热水供暖,夏热冬冷地区的手术、检查、护理、设备等有关技术用房宜设置冷暖空调设备，最热月平均室外气温高于和等于25℃的地区宜设置降温空调设备，并有通风换气装置。

## 第五章 装备标准

**第三十一条** 县级计划生育服务站、中心乡镇计划生育服务站和普通乡镇计划生育服务站应按不同级别、类型和服务范围分别确定装备标准。

**第三十二条** 县级计划生育服务站基本装备包括六类，具体参照表三配置。

表三：县级计划生育服务站基本装备表

| 序号 | 设备种类 | 内容 |
|---|---|---|
| 1 | 视听电教设备 | 放像设备、照相机、摄影机、触摸屏、刻录机、多媒体投影仪、显示设备等 |
| 2 | 检测设备 | 双目显微镜、超声仪、血液分析仪、血凝仪、尿液分析仪、半自动生化分析仪、精子分析仪、酶标仪、乳腺诊断仪、X光机等 |
| 3 | 手术及临床相关设备 | 手术灯、手术床、显微外科设备、麻醉呼吸机、心电监护仪、输氧设备、灭菌设备、高压消毒锅、红外（微波）治疗仪等 |
| 4 | 流动服务设施 | 下乡服务机动车、船 |
| 5 | 电子信息设备 | 计算机、服务器、网线、电话等 |
| 6 | 药具储存及其它设备 | 转盘调剂台、冷暖排湿空调、医用冰箱、复印机、清洗设备、应急发电设备和其它土建配套设备等 |

**第三十三条** 中心乡（镇）计划生育服务站的装备包括六类，具体参照表四配置。

表四：中心乡（镇）计划生育服务站基本装备表

| 序号 | 设备种类 | 内容 |
|---|---|---|
| 1 | 视听电教设备 | 放像设备、照相机、触摸屏、多媒体投影仪、显示设备等 |
| 2 | 检测设备 | 双目显微镜、超声仪、血液分析仪、血凝仪、尿液分析仪、半自动生化分析仪、酶标仪、乳腺诊断仪等 |
| 3 | 手术及临床相关设备 | 手术灯、手术床、麻醉呼吸机、心电监护仪、输氧设备、灭菌设备、红外（微波）治疗仪等 |
| 4 | 流动服务设施 | 小型机动服务车、船 |
| 5 | 电子信息设备 | 计算机、服务器、网线、电话等 |
| 6 | 药具储存及其它设备 | 转盘调剂台、冷暖排湿空调、医用冰箱、复印机、清洗设备、应急发电设备和其它土建配套设备等 |

**第三十四条** 普通乡（镇）计划生育服务站的装备包括六类，具体参照表五配置。

表五：普通乡（镇）计划生育服务站基本装备表（一类）

| 序号 | 设备种类 | 内容 |
|---|---|---|
| 1 | 视听电教设备 | 放像设备、触摸屏、显示设备等 |
| 2 | 检测设备 | 双目显微镜、超声仪、血液分析仪、血凝仪、尿液分析仪、乳腺诊断仪等 |
| 3 | 手术及临床相关设备 | 手术灯、手术床、麻醉呼吸机、输氧设备、灭菌设备、红外（微波）治疗仪等 |

续表

| 序号 | 设备种类 | 内 容 |
|---|---|---|
| 4 | 流动服务设施 | 小型机动服务车、船 |
| 5 | 电子信息设备 | 计算机、服务器、网线、电话等 |
| 6 | 药具储存及其它设备 | 冷暖排湿空调、医用冰箱、清洗设备、其它土建配套设备等 |

### 普通乡（镇）计划生育服务站基本装备表（二类）

| 序号 | 设备种类 | 内 容 |
|---|---|---|
| 1 | 视听电教设备 | 放像设备、触摸屏、显示设备等 |
| 2 | 检测设备 | 超声仪等 |
| 3 | 临床相关设备 | 灭菌设备 |
| 4 | 流动服务设施 | 小型机动服务车、船 |
| 5 | 电子信息设备 | 计算机、服务器、网线、电话等 |
| 6 | 药具储存及其它设备 | 冷暖排湿空调、医用冰箱、清洗设备、其它土建配套设备等 |

# 全国农村部分计划生育家庭奖励扶助制度管理规范

国家人口计生委　财政部　关于印发全国农村部分计划生育家庭奖励扶助制度管理规范的通知

人口厅发〔2006〕122号

各省、自治区、直辖市人口计生委、财政厅（局），计划单列市、新疆生产建设兵团人口计生委、财政厅（局）：

为进一步完善"资格确认、资金管理、资金发放、社会监督"四个环节相互衔接、相互制约的运行机制，规范操作程序，现根据《国务院办公厅转发人口计生委财政部关于开展对农村部分计划生育家庭实行奖励扶助制度试点工作意见的通知》（国办发〔2004〕21号）精神，制定印发《全国农村部分计划生育家庭奖励扶助制度管理规范》，请各地结合本地实际参照执行。

国家人口计生委
中华人民共和国财政部
二〇〇六年十月九日

根据《国务院办公厅转发人口计生委财政部关于开展对农村部分计划生育家庭实行奖励扶助制度试点工作意见的通知》（国办发〔2004〕21号）、人口计生委财政部关于印发《农村部分计划生育家庭奖励扶助制度试点方案（试行）》的通知（国人口发〔2004〕36号）、财政部人口计生委关于印发《全国农村部分计划生育家庭奖励扶助专项资金管理办法（试行）》的通知（财教〔2006〕136号）、人口计生委关于印发《农村部分计划生育家庭奖励扶助对象确认条件的政策性解释》的通知（国人口发〔2004〕39号）、人口计生委办公厅关于印发《全国农村部分计划生育家庭奖励扶助制度信息管理规范（试行）》的通知（人口厅发〔2005〕84号）制定本规范。

## 第一章 总 则

**第一条** 农村部分计划生育家庭奖励扶助制度（以下简称"奖励扶助制度"），是我国在各地现行计划生育奖励优惠政策基础上，针对农村只有一个子女或两个女孩的计划生育家庭，夫妇年满60周岁以后，由中央或地方财政安排专项资金给予奖励扶助的一项基本的计划生育奖励制度。

奖励扶助对象按人年均不低于600元的标准发放奖励扶助金，直到亡故为止。已超过60周岁的，以奖励扶助制度在当地开始执行时的实际年龄为起点发放。

实施这一制度，是建设社会主义新农村的重要内容，是我国人口和计划生育工作思路和工作方法的重大转变，是建立农村人口和计划生育利益导向机制与社会保障制度的重大突破。它有利于引导广大农民自觉实行计划生育、稳定低生育水平，有利于密切党群、干群关系，有利于促进农村人口与经济、社会、资源、环境协调发展和可持续发展。

**第二条** 实施奖励扶助制度的基本原则是：

统一政策，严格控制。制定奖励扶助对象的确认条件和奖励扶助的最低标准，确保政策的一致性。

公开透明，公平公正。通过张榜公布、逐级审核、群众举报、社会监督等措施，确保政策执行的公平性。

直接补助，到户到人。依托现有渠道直接发放奖励扶助金，尽量减少中间环节。严禁任何单位或个人截留挪用、虚报冒领奖励扶助金和以扣代罚等各种名目的违规行为。

健全机制，逐步完善。要逐步建立健全确保奖励扶助制度落实的管理、服务和监督机制。要制订完善相关政策措施，逐步形成以奖励扶助为主导的计划生育利益导向机制。

**第三条** 奖励扶助制度实行资格确认、资金管理、资金发放、社会监督"四权分离"的运行机制。人口计生部门负责资格确认，财政部门负责资金管理，代理发放机构负责资金发放，监察、审计等部门负责监督。四个部门密切合作，相互衔接又相互制约。

**第四条** 国家人口计生委和财政部负责制定奖励扶助制度的基本政策。各省、自治区、直辖市人口计生委依据国家有关政策，结合本地相关政策法规，制定配套的政策措施和确认奖励扶助对象的具体规定。省级以下单位或个人不得自行放宽或改变确认奖励扶助对象的政策。

**第五条** 农村部分计划生育家庭奖励扶助专项资金，由中央和地方财政按比例负担。中央和地方财政按确定的比例纳入同级财政预算。地方财政负担的资金，以省级财政为主。

**第六条** 奖励扶助专项资金由省级人口计生委会同有关部门统一确定有资质的代理机构发放。代理发放机构按照要求建立奖励扶助对象个人账户，实行专账核算，采用"直通车"方式直接发放到户到人。

**第七条** 按照客观、公正、公开、透明的原则，采取多种有效形式，对奖励扶助制度实施全过程监督。全面准确实施奖励扶助对象公示制度，接受群众监督。各级人口计生、财政、监察、审计等部门定期对奖励扶助制度执行情况进行检查，并将其作为人口和计划生育目标管理考核的重要内容。

**第八条** 奖励扶助制度在各级党委政府统一领导下,由各职能部门按照各自职责具体组织实施。

## 第二章 资格确认

**第九条** 实施奖励扶助对象资格确认的基本原则是:

(一)确认奖励扶助对象的政策制定权限在国家和省级人口计生委,省级以下任何单位和个人不得随意放宽或缩紧政策;

(二)从严把握政策,务求资格确认的相关材料和手续齐全,真实可靠,确认有据。对生育史、婚姻史复杂的人群严格查证,审慎把握;

(三)严格按规定程序进行资格确认,确保公平、公正、透明;

(四)资格确认以县、乡(镇)人口计生部门为主,必须严格把关,责任到人。

**第十条** 奖励扶助对象的确认应同时具备以下条件:

(一)本人及配偶均为农业户口或界定为农村居民户口;

(二)1973年至2001年期间没有违反计划生育法律法规和政策规定生育;

(三)现存一个子女或现存两个女孩或子女死亡现无子女;

(四)年满60周岁。

**第十一条** 奖励扶助对象的资格确认必须履行以下程序:

新增对象的资格确认程序:

1. 调查摸底;

2. 本人提出申请;

3. 村(居)民委员会审议并张榜公示;

4. 乡(镇)人民政府(街道办事处)初审并张榜公示;

5. 县（市、区）人口计生部门复查审核、确认并公布；

6. 地（市、州）人口计生委抽查和汇审；

7. 省（区、市）人口计生委抽查和逻辑审核、备案；

8. 对经审核不符合资格确认条件的对象进行确认回访。

**第十二条** 资格确认的基本要求和时间进度是：

奖励扶助新增对象资格确认和已享受对象及退出人员的年审同步进行。

（一）调查摸底

1. 调查摸底前要认真做好政策宣传，使其家喻户晓；

2. 县级人口计生委组织所辖乡（镇）人口计生部门和村级计生专干逐村逐户对新增目标人群进行调查摸底；

3. 时间进度：当年1月31日前完成。

（二）本人申请

1. 符合奖励扶助对象条件的农民向户籍所在地村（居）民委员会提出申请，填写《农村部分计划生育家庭奖励扶助对象个人申请表》（以下简称《申请表》），并提供本人身份证、户籍证明、结婚证等相关证明材料。

2. 此项工作在当年1月31日前完成。

（三）村（居）民委员会审议并张榜公示

1. 村（居）民委员会对本年度申请对象和上年度奖励扶助对象要逐户上门核实情况，审议后提交村（居）民代表会议评议，并填写《农村部分计划生育家庭奖励扶助对象村（居）民代表会评议表》。村（居）民代表会议参加人员必须是具有代表性的村干部、计生协会理事、重要知情人及多名年龄较大的村（居）民代表。

2. 新增和退出对象名单须在村务公开栏、村民集聚地和对象所在村民小组人群往来较集中的地点，按统一内容、统一格式（《农村部分计划生育家庭奖励扶助对象名单公示》、《农村部分计划生育家庭奖励扶助退出对象名单公示》）张榜公示十天以上。

3. 新增对象由村（居）民委员会在《申报表》（一式三份）上签署意见，连同申请人相关证明材料复印件上报乡镇人民政府；年审退出对象由村（居）民委员会填写《农村部分计划生育家庭奖励扶助对象退出情况报告单》（以下简称《报告单》），上报乡镇人民政府。

4. 村级审议的内容包括：①是否符合奖励扶助对象的政策条件；②申请人身份证、户籍证明、结婚证、实行计划生育的有关证明、村民代表大会评议意见等相关资料是否真实、齐全。

5. 此项工作在当年2月28日前完成。

（四）乡级初审并张榜公示

1. 由乡镇人民政府组成评审组，对村级上报的资料进行初审（包括新增对象和退出对象），逐人逐户核实情况，并召开有多名知情群众参加的座谈会，填写《群众座谈记录表》和《新增对象见面调查表》。

2. 初审的新增对象和年审退出对象名单在乡镇政务公开栏、村务公开栏及对象所在村民小组张榜公示十天以上。

3. 乡镇人民政府主要领导和有关人员，依据核查情况和相关资料，在经审核通过的拟奖励扶助对象《申报表》上签署意见、签名并加盖公章，连同申请人相关证明材料上报县级人口计生部门。对审核过程中不符合条件的对象，必须入户告知本人，并做好解释工作。

4. 对经过年审的对象，由乡镇人民政府填写经对象本人和入户核查人员共同签名确认的《奖励扶助对象年审表》，年审退出对象由乡镇人民政府汇总《报告单》一并上报县级人口计生部门。

5. 此项工作在当年 3 月 31 日前完成。

（五）县级审核确认公布

1. 当年 4 月 30 日前，县级人口计生部门会同有关部门对乡镇人民政府上报的奖励扶助对象进行审核确认，并将审核通过的新增对象和年审退出对象名单，在乡镇、村（居）民委员会、村民小组张榜公示十天，并以文件、报刊、广播、电视等形式予以公布。

2. 当年 5 月 10 日前，县级人口计生部门将《奖励扶助对象花名册》、《报告单》及《农村部分计划生育家庭奖励扶助对象退出汇总表》报地（市、州）和省（区、市）人口计生部门备审。

3. 当年 5 月 31 日前，县级人口计生部门将经确认具备奖励扶助资格对象和年审退出对象个案信息录入"全国农村部分计划生育家庭奖励扶助管理信息系统"。

（六）地（市、州）人口计生部门抽查和汇审

1. 当年 5 月 20 日前，地（市、州）人口计生部门依据县级人口计生部门上报的《花名册》、《报告单》及《汇总表》，按不低于 20% 的比例，对新增奖励扶助对象个案信息进行质量抽查。

2. 当年 5 月 25 日前，地（市、州）人口计生部门对各县（市、区）的奖励扶助对象和年审退出对象进行汇审，并将《奖励扶助对象人数汇总表》和《农村部分计划生育家庭奖励扶助对象退出汇总表》报送省（区、市）人口计生部门。

（七）省（区、市）人口计生委抽查和逻辑审核

1. 当年 5 月 20 日前，省（区、市）人口计生委依据县级人口计生部门上报的《花名册》、《报告单》及《汇总表》，组织力量对奖励扶助对象资格确认的质量进行抽查。抽查的重点是：

①资格确认的程序是否完备；②当年进入和上年退出的人群是否按要求进行公示；③资格确认的准确性。

2. 5月31日前，省（区、市）人口计生部门对各地（市、州）奖励扶助对象和年审退出对象进行汇总，并将《奖励扶助对象人数汇总表》和《农村部分计划生育家庭奖励扶助对象退出汇总表》上报国家人口计生委。

（八）确认回访

1. 当年7月30日以前，乡（镇）人民政府依据经国家最终确认的奖励扶助对象名单，对申报不符合条件和退出的对象，上门说明原因，做好解释工作。

2. 对符合本年度奖励扶助条件，因故未纳入奖励扶助范围的对象，要做好解释工作，告之下一年度再行确认。

第十三条 已享受对象及退出人员的年审履行以下程序：

1. 村（居）民委员会核查并张榜公示；

2. 乡（镇）人民政府（街道办事处）核查并张榜公示；

3. 县（市、区）人口计生部门审核、确认并公布；

4. 地（市、州）、省（区、市）人口计生部门备案。

第十四条 资格确认的相关文书由省（区、市）人口计生委参照以下式样统一制度。

（一）《农村部分计划生育家庭奖励扶助对象个人申请表》式样

## 第三章 资金管理和发放

第十五条 奖励扶助专项资金实行"国库统管、分帐核算、直接补助、到户到人"的原则。任何部门、单位不得截留、挤占和挪用。

第十六条 人口计生部门负责核实奖励扶助对象人数，编制资金需求计划，管理奖励扶助制度信息管理系统，对相关数据信息进行综合分析，掌握并监督代理发放机构建立奖励扶助对象个人储蓄账户和资金管理情况。

财政部门负责奖励扶助资金的预算决算、及时足额拨付资金并加强监督管理，实现封闭运行。督促代理发放机构将奖励扶助金及时划转到个人账户。地方财政通过财政年报向上级财政部门反映专项资金到位、发放和结存情况。

代理发放机构负责制定资金发放办法和操作规程，按照代理服务协议的要求和人口计生部门提供的奖励扶助对象名单建立个人储蓄账户，将奖励扶助资金及时足额划转到个人账户，并将资金发放情况反馈财政和人口计生部门。

社会监督由监察或审计部门牵头，推行社会公示制度，鼓励广大群众参与对制度运行的全过程监督。

**第十七条** 奖励扶助专项资金按基本标准，西部试点地区中央财政负担80%，地方财政负担20%；中部试点地区中央和地方财政分别负担50%；鼓励东部地区自行试点。

**第十八条** 各省（区、市）财政和人口计生部门自行确定有资质的金融机构作为奖励扶助专项资金的统一代理发放机构。

代理发放机构要为奖励扶助对象开设个人储蓄账户，并对奖励扶助金的发放实行信息化管理。

**第十九条** 奖励扶助专项资金，由省级财政总预算会计设立专账，分别核算中央财政拨付和地方财政安排的奖励扶助专项资金。

**第二十条** 中央财政负担的奖励扶助专项资金每年6月30日前下达到试点省份；地方财政负担的奖励扶助专项资金，每年7月31日前及时足额拨付到位。

**第二十一条** 奖励扶助专项资金到位后，人口计生部门应及时将奖励扶助对象个案信息提供给代理发放机构；代理发放机构应在 8 月 31 日前将专项资金一次性划拨到奖励扶助对象个人储蓄账户，并将建立个人账户和专项资金拨付情况，及时反馈给地方财政和人口计生部门。

第二十二条　省级人口计生部门每年 1 月 31 日前向同级财政部门反馈上年度奖励扶助专项资金发放情况，9 月 30 日前报送下年度奖励扶助对象个案信息和资金需求计划。上述情况和资金需求计划同时报国家人口计生委。

国家人口计生委 10 月 31 日前向财政部报送下年度个案信息和资金需求计划。

第二十三条　省级代理发放机构应于每年 12 月 31 日前将奖励扶助专项资金发放情况等相关信息资料报送省级人口计生行政部门，并会同人口计生部门输入"农村部分计划生育家庭奖励扶助制度信息管理系统"。

第二十四条　发放给奖励扶助对象的奖励扶助金以年为单位计算。奖励扶助对象持有效证明到代理发放机构认定的发放网点支取奖励扶助金。

第二十五条　奖励扶助专项资金形成的结余，区分中央和地方部分，用于抵扣下一年度相应奖励扶助金的额度。

第二十六条　财政部门和人口计生部门建立奖励扶助资金的监督检查机制。财政部和国家人口计生委每年采取直接或委托方式对各地资金测算、拨付和管理等情况进行监督检查。

第二十七条　加强对代理发放机构资金运行情况的监督。代理发放机构不按服务协议履行资金发放责任，截留、拖欠、抵扣奖励扶助专项资金的，取消代理发放资格，并承担相应法律责任。

第二十八条　从事农村部分计划生育家庭奖励扶助工作的

人员有下列行为之一的,由其所在部门、单位或者上级机关给予行政处分;情节严重构成犯罪的,依法追究刑事责任:

(一)滥用职权,徇私舞弊,擅自改变奖励扶助范围和奖励扶助标准的;

(二)贪污、挪用、扣压、拖欠奖励扶助专项资金的;

(三)玩忽职守,专项资金管理混乱的;

(四)弄虚作假,虚报瞒报,出具不实证明的。

**第二十九条** 对骗取、冒领奖励扶助金的,由人口计生部门和财政部门追回已经领取的奖励扶助金;构成犯罪的,依法追究刑事责任。

## 第四章 监督评估

**第三十条** 奖励扶助制度社会监督评估的基本原则是:

(一)奖励扶助制度的社会监督实行群众监督、行政监督、人大政协监督、社会中介监督、舆论监督相结合。在当地党委、政府统一领导下,由县以上纪检监察或审计部门牵头,人口计生、财政等相关部门和社区新闻媒体、中介组织按照各自职责对奖励扶助制度实施情况进行社会监督和评估。

(二)坚持对奖励扶助制度运行的全过程实施全方位的监督评估。把监督评估纳入实施方案和年度工作计划,使各方面、各层次的监督评估贯穿于资格确认、资金管理、资金发放以及政策宣传、组织实施的每个环节。

(三)把资格确认过程中的群众参与和公示作为社会监督的重点,建立严格规范的资格确认程序和奖励扶助政策对象公开公示制度。充分发动群众参与对奖励扶助制度运行过程的监督。

(四)把奖励扶助制度运行情况的监督评估纳入人口和计划生育工作目标责任制,加大考核评估的权重。各级人口计生委要酌情对每个年度奖励扶助对象资格确认程序和准确性、群众对奖励扶助政策的知晓率和对奖励扶助工作的满意度进行抽查和综合评估。

第三十一条 奖励扶助制度社会监督和评估的主要程序包括：

（一）村民和村（居）民委员会对奖励扶助对象进行集体评议；

（二）县、乡、村对新进入或退出的奖励扶助对象的基本情况进行公示、公布；

（三）县、乡人口计生部门对村级奖励扶助对象资格确认情况进行检查；

（四）国家、省、地（市）人口计生和财政部门对奖励扶助对象资格确认情况进行抽查和审核；

（五）国家、省、地（市）、县（市）人口计生和财政部门对委托发放机构资金发放的情况进行抽查和审核；

（六）国家、省、地（市）、县（市）人口计生和财政部门对奖励扶助政策的群众知晓率和工作满意度进行抽查评估；

（七）省、地、县人口计生部门结合目标管理考核对奖励扶助制度实施情况进行年审；

（八）县以上纪检监察或审计部门对奖励扶助制度运行情况进行检查审计；

（九）人大代表、政协委员和奖励扶助制度监督员对奖励扶助制度运行情况进行检查监督；

（十）各级财政部门和县以上中介机构对奖励扶助金的管理和使用情况进行审计和绩效评估。

第三十二条 奖励扶助制度社会监督的基本内容和要求是：

（一）对资格确认过程的监督。重点监督"三级三审核，村级三公示",即:个人申请村级审议公示;乡级初审村级公示;县级确认村级公示。

监督内容包括:奖励扶助的政策和标准是否公开;资格确认的准确性;资格确认是否程序符合;奖励扶助对象的基本情况是否公开;政策执行是否公平、公正、透明。具体要求:

1. 各级人口计生部门要重点监督资格确认过程是否严肃、认真,是否按程序操作,是否切实履行了公示制度;

2. 各级人口计生部门设立举报电话并向社会公开,建立接听、记录、处理的专项制度。县级人口计生部门、乡镇人民政府应指定专(兼)职人员受理群众的批评、建议、申诉、举报,为群众的监督提供服务;

3. 将群众对奖励扶助制度实施的满意度纳入群众评议行风活动内容,接受广大群众公开评议。

(二)对资金管理和发放过程的监督。重点监督资金预决算、专户管理、资金拨付和代理发放机构及时足额将奖励扶助资金划转到个人账户的情况。

监督内容包括:财政专户设立和资金封闭运行的情况;各级财政下拨的专项资金是否在规定时间内足额拨付到代理发放机构;代理发放机构是否严格执行委托协议;是否存在虚报、冒领、抵扣、贪污、挪用奖励扶助资金的情况。专项资金结存情况;奖励扶助金发放的社会经济效益。

具体要求:

1. 各级人口计生和财政部门要定期对奖励扶助专项资金封闭运行情况进行检查监督,及时发现和纠正存在的问题;

2. 各级人口计生和财政部门要定期对奖励扶助专项资金拨付委托发放机构,以及委托发放机构建立个人帐户和注入资金的情况进行检查监督,及时发现和纠正存在的问题;

3. 各级人口计生和财政部门要积极协助纪检监察和审计部门对奖励扶助专项资金管理使用情况进行检查和审计，及时发现和纠正存在的问题；

4. 各级人口计生和财政部门要结合年审和对群众满意率的调查，综合多种因素进行奖励扶助金管理使用情况的绩效评估。

**第三十三条** 考核评估

对奖励扶助工作进行考核评估的基本指标是：

1. 奖励扶助对象资格确认准确率；
2. 奖励扶助金发放的及时率和准确率；
3. 干部群众对奖励扶助政策知晓率；
4. 干部群众对奖励扶助制度运行的满意率；
5. 党政领导重视程度和机关部门的参与程度；
6. 奖励扶助制度是否按统一的规范运行。

奖励扶助制度的考核评估由各级政府或各级人口计生和财政部门组织实施；受各级政府或相关部门委托，民意调查中心、社会中介组织、新闻媒体等单位组织对奖励扶助制度实施进行调查评估。

## 第五章　档案和信息管理

**第三十四条** 奖励扶助档案和信息管理的基本原则是：

（一）真实准确。奖励扶助档案和信息内容做到与实际情况相符。确保各类资料的真实性、准确性。

（二）及时完备。奖励扶助档案和信息资料应及时进行收集、整理、归类、建档、录入、反馈，确保各类资料完整全面。

（三）统一规范。省级人口计生部门制定奖励扶助档案管理和信息录入、反馈的统一标准，确定分类分级管理权限和范围，确保各类资料的规范性。

（四）便捷有效。各类奖励扶助档案和信息资料要简易明了，方便查询，提高利用率。

**第三十五条** 奖励扶助对象档案管理主要内容和基本要求是：

（一）主要内容

1. 奖励扶助对象个人档案，指经县乡人口计生部门确认的奖励扶助对象的有关信息资料。主要包括：（1）个人申请书；（2）申报表；（3）身份证和婚姻证明、户口簿复印件；（4）村级审议表、群众座谈记录材料；（5）新增对象见面调查表；（6）领取奖励扶助金存折通知单送达回执；（7）年审表；（8）其它相关证明材料。

2. 奖励扶助工作档案，指记录奖励扶助工作过程的各类资料。主要包括：（1）相关文件、工作计划和总结评估报告等；（2）各类表格；（3）年度奖励扶助对象名单纸质表格和电子文档；（4）影像资料；（5）其它相关材料。

（二）管理程序

1. 档案收集 2. 立卷分类 3. 立卷组合 4. 立卷编目 5. 档案归档 6. 档案保管

（三）基本要求

1. 专人负责，专柜存放，集中管理。县、乡级人口计生部门要指定专人负责奖励扶助档案管理工作，配备专门的档案柜，集中保存、管理奖励扶助档案资料。村级由村计划生育专干（管理员）负责管理。

2. 分级分类归档。

（1）分类建档。按照档案资料性质，分奖励扶助对象个人档案和奖励扶助工作档案两类进行归档。其中，奖励扶助对象个人档案以个人为单位，按一人一卷建档；奖励扶助工作档案以年度为单位,按一年一卷建档。

(2)分级归档。奖励扶助对象信息资料个人档案由县级人口计生部门负责归档,乡级人口计生部门为方便工作也可建立对象个人辅助档案;奖励扶助工作档案由各级人口计生部门分别负责本级的奖励扶助工作资料的收集、整理、立卷和归档工作。

3. 档案装订整齐有序,方便查询。按照档案管理要求编制档案索引目录。奖励扶助对象个人档案卷内材料的排列,按目录、申请申报确认材料、户籍材料、婚姻、生育材料等顺序排列,形成确认对象的完整卷宗;奖励扶助工作档案卷内材料,按目录所定顺序整理排列。

4. 奖励扶助对象个人档案卷内材料的目录填写、案卷装订、借阅、查询等按《档案管理条例》有关规定进行。奖励扶助对象个人档案为永久卷。

5. 奖励扶助对象个人档案的整理归档,从每年度奖励扶助金发放后开始,当年10月底之前完成;奖励扶助工作档案的整理归档,每年元月份开始对上年度档案进行收集、整理,2月底之前完成。

第三十六条 奖励扶助信息管理的主要内容和基本要求是:

(一)基本内容

1. 基本信息内容及其来源

奖励扶助信息分为三类:奖励扶助对象信息、奖励扶助资金信息、奖励扶助工作信息。

(1)奖励扶助对象信息:

①奖励扶助对象个案信息

②奖励扶助对象汇总信息

信息来源:人口计生部门按照奖励扶助对象条件和确认程

序自下而上登记、上报。

（2）奖励扶助资金信息：

①奖励扶助资金预算信息

信息来源：财政部门根据奖励扶助对象人数、奖励扶助标准、各级财政负担比例等计算（计算过程由信息系统完成）。

②奖励扶助预算资金拨付信息

信息来源：财政部门将预算资金拨付代理发放机构后，提供预算资金拨付信息。

③奖励扶助个人账户建立及资金到位信息

信息来源：代理发放机构。

④奖励扶助资金实际发放总量（含结存情况）

信息来源：代理发放机构。

（3）奖励扶助工作信息：

各地出台的各种政策文件、管理规范、工作动态等。

（二）信息管理

（1）奖励扶助对象信息管理：人口计生部门负责建立奖励扶助对象个案信息档案，做好奖励扶助对象登记、上报、审批、变更等工作，奖励扶助对象信息管理实行年审制。

（2）奖励扶助资金信息管理：建立奖励扶助目标人群和资金需求预测预报制度，按要求向财政部门提供下年度目标人群汇总信息和资金需求计划，对奖励扶助专项资金实行跟踪管理。

（3）奖励扶助监控管理：包含奖励扶助情况抽样调查、奖励扶助情况反馈、奖励扶助工作综合调控、动态监控管理和信息举报管理。

（4）奖励扶助工作管理：主要包括奖励扶助工作信息交流，奖励扶助信息统计分析等内容。

(三) 管理程序

1. 主要信息流程

(1) 人口计生部门按规定确认本年度的奖励扶助对象,并将本年度奖励扶助对象汇总信息和个案信息报送财政部门和代理发放机构。

(2) 财政部门按照奖励扶助对象目标人群、奖励扶助标准及各级财政负担比例,编制下达经费预算,并将预算资金拨付代理发放机构,同时将预算资金拨付情况通报人口计生部门。

(3) 代理发放机构根据人口计生部门提供的奖励扶助对象名单建立奖励扶助对象个人账户,并将奖励扶助金及时足额划转到奖励扶助对象个人账户,同时将建立个人账户和资金划拨情况反馈财政和人口计生部门。

2. 个案信息登记与变更

(1) 奖励扶助对象个案信息登记在完成以下程序后进行:

①符合奖励扶助条件的对象向村(居)委会登记、申报,填写《全国农村计划生育家庭奖励扶助对象申报表》;

②村级初审并张榜公示,签署评议意见;

③乡级审核并张榜公示,签署审议意见;

④县级审批并张榜公布,签署审批意见。

(2) 信息上报程序与时限。村(居)委会、乡(镇、街道)和县级人口计生部门均应签署审核意见,并由主要负责人签字并加盖单位公章。县级人口计生部门实施奖励扶助对象资格确认的最后时限为每年5月底。新增的符合奖励扶助条件的对象因故未纳入的,原则上纳入下一年度的奖励扶助对象确认程序。

(3) 手工信息报告和流转制度。《全国农村部分计划生育家庭奖励扶助对象个人申报表》一式三份,由符合奖励扶助条件的对象填报后，分别报经村（居）委会、乡（镇、街道）和县级人口计生部门审核。最终确认的奖励扶助对象，由县级人口计生部门将《全国农村部分计划生育家庭奖励扶助对象个人申报表》的两联分别反馈给乡、村两级保存、归档、管理。另一联由县级人口计生部门留存。《全国农村部分计划生育家庭奖励扶助对象个人申报表》应长期保存。

（4）奖励扶助对象实行年审制度。村、乡两级要加强对年度奖励扶助对象个人信息档案的动态管理，及时掌握个案信息变更情况。并认真落实年审及退出对象的张榜公示制度。对隐瞒不报或上报不及时而造成冒领、多领奖励扶助资金的，依有关法律法规和政策规定进行追缴，并追究相关责任人的责任。

3. 信息录入与传输

县级人口计生部门根据已确认的奖励扶助对象，负责将奖励扶助对象个人申报表的有关信息录入奖励扶助管理信息系统，在上报地（市）和省级人口计生部门同时直报国家人口计生委。

4. 信息处理与应用

（1）人口计生部门、代理发放机构要建立奖励扶助信息管理制度，并确定专人具体负责信息工作，按规定及时录入、变更、处理、传输有关信息。

（2）加强信息资源的开发利用，为奖励扶助决策、管理、评估提供必要的信息。如：

①汇总分析奖励扶助对象和奖励扶助资金的有关情况，推算奖励扶助对象数量变动情况及奖励扶助资金需求情况，为进一步分析、把握、调整奖励扶助制度的运行情况，提供数据支持。

②提供预算决算、资金发放、检查监督所需基础数据。

③财政、人口计生部门、代理发放机构及时掌握工作动态，

有针对性地开展工作。

④为奖励扶助制度综合评估提供基础信息。

5. 信息安全

(1) 建立信息处理、利用、发布制度以及安全管理制度和监督机制，明确使用权限和安全责任。

(2) 将各种手工记录等原始资料保存入档，由专人妥善保管。

(3) 做到专机专用。不得使用盗版软件。

(4) 定期对奖励扶助对象个案信息库中的信息开展全面核查和校验，确保个案信息库的完整、准确。

(5) 定期进行信息备份，形成安全可靠的备份信息资源。妥善保管账号和密码，不得越权获取或处理信息，不得擅自对外提供内部信息。

(6) 定期进行系统软件、硬件维护，做好维护记录。建立故障、病毒防范应急处理机制。

(四) 基本要求

(1) 资源共享。信息的采集应使用各部门现有的数据收集系统，建立协调、规范、有效的信息交流与共享机制，实现相关部门与机构之间以及人口计生各职能部门之间的信息流转。

(2) 保障安全。定期开展信息安全风险评估，建立信息安全应急处理工作机制。

(3) 统一规范，优先建立信息收集、信息公示、信息采集、信息登记、信息核查、信息上报、信息交流、信息变更、信息处理、信息管理、信息应用、信息安全、质量控制等方面的规范制度。

(4) 因地制宜。各地可根据本地的工作实际，在国家信息管理的大框架下自行确定本地的信息管理体系。

# 计划生育技术服务管理条例

中华人民共和国国务院令

第 428 号

现公布《国务院关于修改〈计划生育技术服务管理条例〉的决定》,自公布之日起施行。

总理 温家宝
2004 年 12 月 10 日

(2001 年 6 月 13 日中华人民共和国国务院令第 309 号公布;根据 2004 年 12 月 10 日《国务院关于修改〈计划生育技术服务管理条例〉的决定》修订)

## 第一章 总 则

**第一条** 为了加强对计划生育技术服务工作的管理,控制人口数量,提高人口素质,保障公民的生殖健康权利,制定本条例。

第二条　在中华人民共和国境内从事计划生育技术服务活动的机构及其人员应当遵守本条例。

第三条　计划生育技术服务实行国家指导和个人自愿相结合的原则。

公民享有避孕方法的知情选择权。国家保障公民获得适宜的计划生育技术服务的权利。

国家向农村实行计划生育的育龄夫妻免费提供避孕、节育技术服务，所需经费由地方财政予以保障，中央财政对西部困难地区给予适当补助。

第四条　国务院计划生育行政部门负责管理全国计划生育技术服务工作。国务院卫生行政等有关部门在各自的职责范围内，配合计划生育行政部门做好计划生育技术服务工作。

第五条　计划生育技术服务网络由计划生育技术服务机构和从事计划生育技术服务的医疗、保健机构组成，并纳入区域卫生规划。

国家依靠科技进步提高计划生育技术服务质量，鼓励研究、开发、引进和推广计划生育新技术、新药具。

## 第二章　技术服务

第六条　计划生育技术服务包括计划生育技术指导、咨询以及与计划生育有关的临床医疗服务。

第七条　计划生育技术指导、咨询包括下列内容：

（一）生殖健康科普宣传、教育、咨询；

（二）提供避孕药具及相关的指导、咨询、随访；

（三）对已经施行避孕、节育手术和输卵（精）管复通手术的，提供相关的咨询、随访。

**第八条** 县级以上城市从事计划生育技术服务的机构可以在批准的范围内开展下列与计划生育有关的临床医疗服务：

（一）避孕和节育的医学检查；

（二）计划生育手术并发症和计划生育药具不良反应的诊断、治疗；

（三）施行避孕、节育手术和输卵（精）管复通手术；

（四）开展围绕生育、节育、不育的其他生殖保健项目。具体项目由国务院计划生育行政部门、卫生行政部门共同规定。

**第九条** 乡级计划生育技术服务机构可以在批准的范围内开展下列计划生育技术服务项目：

（一）放置宫内节育器；

（二）取出宫内节育器；

（三）输卵（精）管结扎术；

（四）早期人工终止妊娠术。

乡级计划生育技术服务机构开展上述全部或者部分项目的，应当依照本条例的规定，向所在地设区的市级人民政府计划生育行政部门提出申请。设区的市级人民政府计划生育行政部门应当根据其申请的项目，进行逐项审查。对符合本条例规定条件的，应当予以批准，并在其执业许可证上注明获准开展的项目。

**第十条** 乡级计划生育技术服务机构申请开展本条例第九条规定的项目，应当具备下列条件：

（一）具有1名以上执业医师或者执业助理医师；其中，申请开展输卵（精）管结扎术、早期人工终止妊娠术的，必须具备1名以上执业医师；

（二）具有与申请开展的项目相适应的诊疗设备；

（三）具有与申请开展的项目相适应的抢救设施、设备、药

品和能力,并具有转诊条件;

(四)具有保证技术服务安全和服务质量的管理制度;

(五)符合与申请开展的项目有关的技术标准和条件。

具体的技术标准和条件由国务院卫生行政部门会同国务院计划生育行政部门制定。

**第十一条** 各级计划生育行政部门和卫生行政部门应当定期互相通报开展与计划生育有关的临床医疗服务的审批情况。

计划生育技术服务机构开展本条例第八条、第九条规定以外的其他临床医疗服务,应当依照《医疗机构管理条例》的有关规定进行申请、登记和执业。

**第十二条** 因生育病残儿要求再生育的,应当向县级人民政府计划生育行政部门申请医学鉴定,经县级人民政府计划生育行政部门初审同意后,由设区的市级人民政府计划生育行政部门组织医学专家进行医学鉴定;当事人对医学鉴定有异议的,可以向省、自治区、直辖市人民政府计划生育行政部门申请再鉴定。省、自治区、直辖市人民政府计划生育行政部门组织的医学鉴定为终局鉴定。具体办法由国务院计划生育行政部门会同国务院卫生行政部门制定。

**第十三条** 向公民提供的计划生育技术服务和药具应当安全、有效,符合国家规定的质量技术标准。

**第十四条** 国务院计划生育行政部门定期编制并发布计划生育技术、药具目录,指导列入目录的计划生育技术、药具的推广和应用。

**第十五条** 开展计划生育科技项目和计划生育国际合作项目,应当经国务院计划生育行政部门审核批准,并接受项目实施地县级以上地方人民政府计划生育行政部门的监督管理。

**第十六条** 涉及计划生育技术的广告,其内容应当经省、自治区、直辖市人民政府计划生育行政部门审查同意。

第十七条 从事计划生育技术服务的机构施行避孕、节育手术、特殊检查或者特殊治疗时，应当征得受术者本人同意，并保证受术者的安全。

第十八条 任何机构和个人不得进行非医学需要的胎儿性别鉴定或者选择性别的人工终止妊娠。

## 第三章 机构及其人员

第十九条 从事计划生育技术服务的机构包括计划生育技术服务机构和从事计划生育技术服务的医疗、保健机构。

第二十条 从事计划生育技术服务的机构，必须符合国务院计划生育行政部门规定的设置标准。

第二十一条 设立计划生育技术服务机构，由设区的市级以上地方人民政府计划生育行政部门批准，发给《计划生育技术服务机构执业许可证》，并在《计划生育技术服务机构执业许可证》上注明获准开展的计划生育技术服务项目。

第二十二条 从事计划生育技术服务的医疗、保健机构，由县级以上地方人民政府卫生行政部门审查批准，在其《医疗机构执业许可证》上注明获准开展的计划生育技术服务项目，并向同级计划生育行政部门通报。

第二十三条 乡、镇已有医疗机构的，不再新设立计划生育技术服务机构；但是，医疗机构内必须设有计划生育技术服务科（室），专门从事计划生育技术服务工作。乡、镇既有医疗机构，又有计划生育技术服务机构的，各自在批准的范围内开展计划生育技术服务工作。乡、镇没有医疗机构，需要设立计划生育技术服务机构的，应当依照本条例第二十一条的规定从严审批。

**第二十四条** 计划生育技术服务机构从事产前诊断的，应当经省、自治区、直辖市人民政府计划生育行政部门同意后，由同级卫生行政部门审查批准，并报国务院计划生育行政部门和国务院卫生行政部门备案。

从事计划生育技术服务的机构使用辅助生育技术治疗不育症的，由省级以上人民政府卫生行政部门审查批准，并向同级计划生育行政部门通报。使用辅助生育技术治疗不育症的具体管理办法，由国务院卫生行政部门会同国务院计划生育行政部门制定。使用辅助生育技术治疗不育症的技术规范，由国务院卫生行政部门征求国务院计划生育行政部门意见后制定。

**第二十五条** 从事计划生育技术服务的机构的执业许可证明文件每三年由原批准机关校验一次。

从事计划生育技术服务的机构的执业许可证明文件不得买卖、出借、出租，不得涂改、伪造。

从事计划生育技术服务的机构的执业许可证明文件遗失的，应当自发现执业许可证明文件遗失之日起30日内向原发证机关申请补发。

**第二十六条** 从事计划生育技术服务的机构应当按照批准的业务范围和服务项目执业，并遵守有关法律、行政法规和国务院卫生行政部门制定的医疗技术常规和抢救与转诊制度。

**第二十七条** 县级以上地方人民政府计划生育行政部门应当对本行政区域内的计划生育技术服务工作进行定期检查。

**第二十八条** 国家建立避孕药具流通管理制度。具体办法由国务院药品监督管理部门会同国务院计划生育行政部门及其他有关主管部门制定。

**第二十九条** 计划生育技术服务人员中依据本条例的规定

从事与计划生育有关的临床服务人员，应当依照执业医师法和国家有关护士管理的规定，分别取得执业医师、执业助理医师、乡村医生或者护士的资格，并在依照本条例设立的机构中执业。在计划生育技术服务机构执业的执业医师和执业助理医师应当依照执业医师法的规定向所在地县级以上地方人民政府卫生行政部门申请注册。具体办法由国务院计划生育行政部门、卫生行政部门共同制定。

个体医疗机构不得从事计划生育手术。

第三十条　计划生育技术服务人员必须按照批准的服务范围、服务项目、手术术种从事计划生育技术服务，遵守与执业有关的法律、法规、规章、技术常规、职业道德规范和管理制度。

## 第四章　监督管理

第三十一条　国务院计划生育行政部门负责全国计划生育技术服务的监督管理工作。县级以上地方人民政府计划生育行政部门负责本行政区域内计划生育技术服务的监督管理工作。

县级以上人民政府卫生行政部门依据本条例的规定，负责对从事计划生育技术服务的医疗、保健机构的监督管理工作。

第三十二条　国家建立计划生育技术服务统计制度和计划生育技术服务事故、计划生育手术并发症和计划生育药具不良反应的鉴定制度和报告制度。

计划生育手术并发症鉴定和管理办法由国务院计划生育行政部门会同国务院卫生行政部门制定。

从事计划生育技术服务的机构发生计划生育技术服务事故、发现计划生育手术并发症和计划生育药具不良反应的，应当在国务院计划生育行政部门规定的时限内同时向所在地人民政府计划生育行政部门和卫生行政部门报告；对计划生育技术服务重大事故、计划生育手术严重的并发症和计划生育药具严重的或者新出现的不良反应，应当同时逐级向上级人民政府计划生育行政部门、卫生行政部门和国务院计划生育行政部门、卫生行政部门报告。

第三十三条　国务院计划生育行政部门会同国务院卫生行政部门汇总、分析计划生育技术服务事故、计划生育手术并发症和计划生育药具不良反应的数据，并应当及时向有关部门通报。国务院计划生育行政部门应当按照国家有关规定及时公布计划生育技术服务重大事故、计划生育手术严重的并发症和计划生育药具严重的或者新出现的不良反应，并可以授权省、自治区、直辖市计划生育行政部门及时公布和通报本行政区域内计划生育技术服务事故、计划生育手术并发症和计划生育药具不良反应。

## 第五章　罚　则

第三十四条　计划生育技术服务机构或者医疗、保健机构以外的机构或者人员违反本条例的规定，擅自从事计划生育技术服务的，由县级以上地方人民政府计划生育行政部门依据职权，责令改正，给予警告，没收违法所得和有关药品、医疗器械；违法所得5000元以上的，并处违法所得2倍以上5倍以下的罚款；没有违法所得或者违法所得不足5000元的，并处5000元以上2万元以下的罚款；造成严重后果，构成犯罪的，依法追究刑事责任。

第三十五条　计划生育技术服务机构违反本条例的规定，

未经批准擅自从事产前诊断和使用辅助生育技术治疗不育症的，由县级以上地方人民政府卫生行政部门会同计划生育行政部门依据职权，责令改正，给予警告，没收违法所得和有关药品、医疗器械；违法所得5000元以上的，并处违法所得2倍以上5倍以下的罚款；没有违法所得或者违法所得不足5000元的，并处5000元以上2万元以下的罚款；情节严重的，并由原发证部门吊销计划生育技术服务的执业资格。

第三十六条 违反本条例的规定，逾期不校验计划生育技术服务执业许可证明文件，继续从事计划生育技术服务的，由原发证部门责令限期补办校验手续；拒不校验的，由原发证部门吊销计划生育技术服务的执业资格。

第三十七条 违反本条例的规定，买卖、出借、出租或者涂改、伪造计划生育技术服务执业许可证明文件的，由原发证部门责令改正，没收违法所得；违法所得3000元以上的，并处违法所得2倍以上5倍以下的罚款；没有违法所得或者违法所得不足3000元的，并处3000元以上5000元以下的罚款；情节严重的，并由原发证部门吊销相关的执业资格。

第三十八条 从事计划生育技术服务的机构违反本条例第三条第三款的规定，向农村实行计划生育的育龄夫妻提供避孕、节育技术服务，收取费用的，由县级地方人民政府计划生育行政部门责令退还所收费用，给予警告，并处所收费用2倍以上5倍以下的罚款；情节严重的，并对该机构的正职负责人、直接负责的主管人员和其他直接责任人员给予降级或者撤职的行政处分。

第三十九条 从事计划生育技术服务的机构违反本条例的规定，未经批准擅自扩大计划生育技术服务项目的，由原发证部门责令改正，给予警告，没收违法所得；违法所得5000元以上的，并处违法所得2倍以上5倍以下的罚款；没有违法所得或者违法所得不足5000元的，并处5000元以上2万元以下的罚款；情节严重的，并由原发证部门吊销计划生育技术服务的执业资格。

**第四十条** 从事计划生育技术服务的机构违反本条例的规定，使用没有依法取得相应的医师资格的人员从事与计划生育技术服务有关的临床医疗服务的，由县级以上人民政府卫生行政部门依据职权，责令改正，没收违法所得；违法所得3000元以上的，并处违法所得1倍以上3倍以下的罚款；没有违法所得或者违法所得不足3000元的，并处3000元以上5000元以下的罚款；情节严重的，并由原发证部门吊销计划生育技术服务的执业资格。

**第四十一条** 从事计划生育技术服务的机构出具虚假证明文件，构成犯罪的，依法追究刑事责任；尚不构成犯罪的，由原发证部门责令改正，给予警告，没收违法所得；违法所得5000元以上的，并处违法所得2倍以上5倍以下的罚款；没有违法所得或者违法所得不足5000元的，并处5000元以上2万元以下的罚款；情节严重的，并由原发证部门吊销计划生育技术服务的执业资格。

**第四十二条** 计划生育行政部门、卫生行政部门违反规定，批准不具备规定条件的计划生育技术服务机构或者医疗、保健机构开展与计划生育有关的临床医疗服务项目，或者不履行监督职责，或者发现违法行为不予查处，导致计划生育技术服务重大事故发生的，对该部门的正职负责人、直接负责的主管人员和其他直接责任人员给予降级或者撤职的行政处分；构成犯罪的，依法追究刑事责任。

## 第六章 附 则

**第四十三条** 依照本条例的规定,乡级计划生育技术服务机构开展本条例第九条规定的项目发生计划生育技术服务事故的,由计划生育行政部门行使依照《医疗事故处理条例》有关规定由卫生行政部门承担的受理、交由负责医疗事故技术鉴定工作的医学会组织鉴定和赔偿调解的职能;对发生计划生育技术服务事故的该机构及其有关责任人员,依法进行处理。

**第四十四条** 设区的市级以上地方人民政府计划生育行政部门应当自《国务院关于修改〈计划生育技术服务管理条例〉的决定》施行之日起6个月内,对本行政区域内已经获得批准开展本条例第九条规定的项目的乡级计划生育技术服务机构,依照本条例第十条规定的条件重新进行检查;对不符合条件的,应当责令其立即停止开展相应的项目,并收回原批准文件。

**第四十五条** 在乡村计划生育技术服务机构或者乡村医疗、保健机构中从事计划生育技术服务的人员,符合本条例规定的,可以经认定取得执业资格;不具备本条例规定条件的,按照国务院的有关规定执行。

**第四十六条** 本条例自2001年10月1日起施行。

# 附 录

## 计划生育技术服务管理条例实施细则

中华人民共和国国家计划生育委员会令
第6号

经国家计划生育委员会委务会议审议通过,现予发布,自即日起施行。

国家计生委主任
二〇〇一年十二月二十九日

(2001年6月13日中华人民共和国国务院令第309号公布;根据2004年12月10日《国务院关于修改〈计划生育技术服务管理条例〉的决定》修订)

### 第一章 总 则

**第一条** 根据《计划生育技术服务管理条例》(以下简称条例),制订本细则。

**第二条** 中华人民共和国境内从事计划生育技术服务活动的各级各类机构及其人员应当遵守条例和本细则。

**第三条** 计划生育技术服务实行国家指导与个人自愿相结

合的原则。公民实行计划生育时，有权了解自身的健康检查结果和常用避孕节育方法的作用机理、适应证、禁忌证、优缺点、使用方法、注意事项、可能出现的副作用及其处理方法，在计划生育技术服务人员指导下，负责任地选择适合于自己的避孕节育方法。从事计划生育技术服务的机构和人员，在提供避孕节育技术服务时应充分考虑服务对象的健康状况、劳动强度及其所处的生理时期，指导公民选择适宜的避孕节育方法，并为其提供安全、有效、规范的技术服务。对于已生育子女的夫妻，提倡选择以长效为主的避孕方法。

第四条　国家保障公民获得适宜的计划生育技术服务的权利，向农村实行计划生育的育龄夫妻免费提供避孕、节育技术服务。免费提供的技术服务项目包括发放避孕药具；孕情、环情检查；放置、取出宫内节育器及技术常规所规定的各项医学检查；人工终止妊娠术及技术常规所规定的各项医学检查；输卵管结扎术、输精管结扎术及技术常规所规定的各项医学检查；计划生育手术并发症诊治。

第五条　向农村实行计划生育的育龄夫妻免费提供避孕、节育技术服务所需经费，由各级财政设立专项经费予以保障，具体结算标准和结算形式由各省、自治区、直辖市人民政府制定。国家向城市实行计划生育的育龄夫妻免费发放避孕药具。城市实行计划生育的育龄夫妻接受避孕、节育技术服务的，其费用解决途径为：参加生育保险、医疗保险和其它相关社会保险的，由社会保险基金统筹支付；未参加上述保险的公民，由所在单位或地方财政负担。具体办法由县级以上地方人民政府制定。对西部困难地区免费提供避孕节育技术服务所需经费，由中央财政给予适当补助。

第六条　国家计划生育委员会负责管理全国计划生育技术

服务工作，履行下列职责：

（一）制定与条例配套的规章和制度；

（二）围绕生育、节育、不育制定生殖保健服务的规划与规范，编制并颁布计划生育技术服务项目、药具目录；

（三）制定全国计划生育技术服务工作发展规划，指导各地计划生育技术服务网络的规划、建设、管理和监督；

（四）组织制定并实施与计划生育技术服务工作相关的科学研究总体规划，组织计划生育新技术推广和避孕药具上市后的监测工作；

（五）对计划生育技术服务进行管理和监督；

（六）管理与计划生育技术服务相关的其他工作。

**第七条** 各地计划生育技术服务网络的规划，应当由县级以上地方人民政府计划生育行政部门在当地人民政府的统一领导下，遵循布局合理、规模适当、广为覆盖的原则提出，并报请同级人民政府将其纳入国民经济、社会发展和区域卫生规划。

**第八条** 从事计划生育技术服务的机构应当坚持"面向基层，深入乡村，服务上门，方便群众"的工作方针。各级各类从事计划生育技术服务的机构要合理分工，密切协作，优势互补，围绕生育、节育、不育共同做好避孕节育和其他生殖保健服务工作。

**第九条** 国家计划生育委员会制定并组织实施计划生育科学研究、技术发展、新技术引入和推广的总体规划。省、自治区、直辖市人民政府计划生育行政部门负责组织实施推进与计划生育优质服务相关的科学研究、技术发展、新技术引入和推广项目。国内外企业、基金会、国际组织和社会团体，可以根据条例和本细则的规定申请承担或参与推进计划生育技术服务相关的科学研究、技术发展和新技术的引入和推广。

## 第二章 技术服务

**第十条** 计划生育技术服务是指使用手术、药物、工具、仪器、信息及其他技术手段,有目的地向育龄公民提供生育调节及其他有关的生殖保健服务的活动,包括计划生育技术指导、咨询以及与计划生育有关的临床医疗服务。

**第十一条** 计划生育技术指导、咨询包括下列内容:

(一)避孕节育与降低出生缺陷发生风险及其他生殖健康的科普宣传、指导和咨询;

(二)提供避孕药具,对服务对象进行相关的指导、咨询、随访;

(三)对施行避孕、节育手术和输卵(精)管复通手术的,在手术前、后提供相关的指导、咨询和随访。

**第十二条** 与计划生育有关的临床医疗服务包括下列内容:

(一)避孕和节育的医学检查,主要指按照避孕、节育技术常规,为了排除禁忌症、掌握适应症而进行的术前健康检查以及术后康复和保证避孕安全、有效所需要的检查;

(二)各种计划生育手术并发症和计划生育药具不良反应的诊断、鉴定和治疗;

(三)施行各种避孕、节育手术和输卵(精)管复通术等恢复生育力的手术以及与施行手术相关的临床医学诊断和治疗;

(四)根据国家计划生育委员会和卫生部共同制定的有关规定,开展围绕生育、节育、不育的其他生殖保健服务;

(五)病残儿医学鉴定中必要的检查、观察、诊断、治疗活动。

**第十三条** 因生育病残儿要求再生育而申请医学鉴定的,依照《病残儿医学鉴定管理办法》执行。病残儿医学鉴定诊断及其父母再生育指导,依照《病残儿医学鉴定诊断暂行标准及再生育指导原则》执行。

**第十四条** 计划生育手术并发症的诊断、鉴定和管理,依照《计划生育手术并发症鉴定管理办法》执行。计划生育技术服务中发生的医疗事故,按照国家有关规定处理。

**第十五条** 在城乡基层开展涉及人群的计划生育科学技术研究项目和国际合作项目,应按规定由项目承担单位提出书面申请和工作方案,经实施地省、自治区、直辖市人民政府计划生育行政部门初审同意,报国家计划生育委员会审查批准后实施。实施中接受项目实施地县级以上地方人民政府计划生育行政部门的监督。

**第十六条** 发布涉及计划生育技术的广告,须经省、自治区、直辖市人民政府计划生育行政部门审查同意后,再报同级广告主管部门批准。

**第十七条** 各级计划生育技术服务机构和从事计划生育技术服务的医疗、保健机构,在施行避孕、节育手术、特殊检查或者特殊治疗时,应向实行计划生育的服务对象做必要的解释,征得服务对象的同意。特殊检查、特殊治疗是指具有下列情形之一的诊断、治疗活动:

(一)有一定危险性,可能产生不良后果的检查和治疗;

(二)由于服务对象体质特殊或者病情危重,可能对其产生不良后果和危险的检查和治疗;

(三)临床试验性检查和治疗;

(四)需收费并可能对服务对象造成较大经济负担的检查和治疗。

**第十八条** 从事计划生育技术服务的机构及其计划生育技术服务人员,不得进行非医学需要的胎儿性别鉴定或者选择性别的人工终止妊娠。

因生育病残儿经鉴定获准再生育者，怀疑胎儿可能为伴性遗传病需进行性别鉴定的，由省级病残儿医学鉴定组确定，到指定的机构按照有关规定进行鉴定；鉴定确诊后，要求人工终止妊娠的，应出具省级病残儿医学鉴定组的鉴定意见和处理意见。

## 第三章 服务机构

**第十九条** 从事计划生育技术服务的机构包括计划生育技术服务机构和从事计划生育技术服务的医疗、保健机构。

计划生育技术服务机构是指依照条例规定取得执业许可、隶属同级计划生育行政部门、具有医疗保健性质、从事计划生育技术服务的非营利的公益性全额拨款事业单位。各级计划生育技术服务机构的事业经费由各级财政予以保障。

从事计划生育技术服务的医疗、保健机构是指已持有《医疗机构执业许可证》，又依照条例规定设有计划生育技术服务科（室），并取得计划生育技术服务项目执业许可的医疗、保健单位。

**第二十条** 设置乡级以上从事计划生育技术服务的机构必须符合国家计划生育委员会制定的机构设置标准。

村级和城市社区计划生育技术服务机构的设置标准和审批程序由省、自治区、直辖市人民政府计划生育行政部门提出方案，报同级人民政府批准，并报国家计划生育委员会备案。

**第二十一条** 依照分级管辖原则办理计划生育技术服务机构的设置审批、执业许可审批和校验。

省、自治区、直辖市人民政府计划生育行政部门负责设区的市级以上计划生育技术服务机构的设置审批、执业许可审批和校验；

设区的市级地方人民政府计划生育行政部门负责县、乡级计划生育技术服务机构的设置审批、执业许可审批和校验；

批准执业的，发给《计划生育技术服务机构执业许可证》，并在《计划生育技术服务机构执业许可证》上载明获准开展的计划生育技术服务项目。

**第二十二条** 乡级计划生育技术服务机构除可以开展条例第七条规定的计划生育技术指导、咨询外，可根据《从事计划生育技术服务的机构设置标准》和《计划生育技术服务项目评审基本标准》，申请开展避孕和节育的医学检查、放置和取出宫内节育器、绝育术、人工流产术以及与避孕、节育有关的临床技术服务；经设区的市级地方人民政府计划生育行政部门逐项审查、批准，方可开展相应的服务项目。未经批准，不得擅自增加技术服务项目。

**第二十三条** 医疗、保健机构开展计划生育技术服务，应当依照国家计划生育委员会制定的设置标准，内设计划生育科（室），由县级以上地方人民政府卫生行政部门审查批准，在其执业许可证上载明获准开展的服务项目。

**第二十四条** 乡、镇既有卫生院，又有计划生育技术服务站的，各自在批准的范围内开展计划生育技术服务工作；乡、镇已有卫生院而没有计划生育技术服务机构的，不再新设立计划生育技术服务机构，但是，乡、镇卫生院内必须设立计划生育技术服务科（室），专门从事计划生育技术服务工作，并接受上级卫生行政部门和计划生育行政部门的业务指导和监督管理；乡、镇卫生院内虽设有计划生育技术服务科（室），但无人从事计划生育技术服务，或不能满足计划生育工作需要的，由所在乡、镇人民政府、县级地方人民政府卫生行政部门和计划生育行政部门妥善解决；乡、镇既没有卫生院，又没有计划生育技术服务机构的，必须设立计划生育技术服务机构。

**第二十五条** 计划生育技术服务机构开展条例规定的与计划生育有关的临床医疗服务项目之外的其他诊疗业务，应当依照《医疗机构管理条例》的规定，依法向卫生行政部门申办《医疗机构执业许可证》，并接受卫生行政部门的监督管理。

**第二十六条** 计划生育技术服务机构从事产前诊断的，应当经省、自治区、直辖市人民政府计划生育行政部门同意后，报同级卫生行政部门审查批准。受理部门应在规定的时限内作出决定，书面通知申报单位，并向同级计划生育行政部门通报。作出许可决定的，在规定的时限内，将批准的单位同时上报卫生部和国家计划生育委员会备案。

从事计划生育技术服务的机构使用辅助生育技术治疗不育症的，应根据卫生部会同国家计划生育委员会制定的使用辅助生育技术治疗不育症的管理办法申办服务项目申请。

获准开展使用辅助生育技术治疗不育症服务项目的机构和技术人员，应当按照使用辅助生育技术治疗不育症的技术规范开展服务。

**第二十七条** 计划生育技术服务机构设置、执业许可和校验依照《计划生育技术服务机构执业管理办法》执行。

申报新设置从事计划生育技术服务的医疗、保健机构，应当向县级以上卫生行政部门申请，参照医疗机构管理条例规定的程序，取得设置批准书和执业许可证明文件。执业许可证上应注明获准开展的技术服务项目。

**第二十八条** 从事计划生育技术服务的机构需要变更名称、场所、法定代表人、主要技术负责人的，应到原发证部门登记变更。因歇业、转业而停止从事计划生育技术服务的，必须向原发证部门办理注销登记,收回相应的许可证明,或在《医疗机构执业许可证》上注销相应的计划生育技术服务项目。

原发证部门在收到变更、注销申请之日后 30 个工作日之内作出决定并函告申请者。从事计划生育技术服务的机构,其执业许可证明文件遗失的,应当自发现执业许可证明文件遗失之日起 30 个工作日内,在所在地县级的报纸上刊登遗失证明后,向原发证机关申请补发,未申请补办的,视为无证。

第二十九条　从事计划生育技术服务的机构应将执业许可证明、服务项目和收费标准悬挂于明显处所。

从事计划生育技术服务的机构,应当自觉遵守有关法律、法规,严格执行国家制定的医疗技术常规、计划生育技术服务规范及其他有关的制度。

第三十条　计划生育技术服务专家委员会由计划生育行政部门商同级卫生行政部门后提名,报同级人民政府审查批准后设立。计划生育技术服务专家委员会由从事计划生育技术服务和相关医学专家及计划生育、卫生管理专家组成,其主要职责是:

(一)参与从事计划生育技术服务的机构的评审;

(二)参与组织计划生育技术服务人员的考试、考核;

(三)指导病残儿医学鉴定、计划生育手术并发症及其他与计划生育有关的技术鉴定;

(四)协助当地计划生育行政部门组织与计划生育技术服务有关的科研项目,指导当地计划生育新技术推广应用和对计划生育技术服务的指导和培训;

(五)参与计划生育技术服务工作的考核和评估;

(六)开展计划生育技术服务的调研,对计划生育技术服务的管理和发展提出意见和建议;

(七)承担计划生育行政部门委托的其他工作任务。

## 第四章 技术人员

**第三十一条** 计划生育技术服务人员是指依照条例和本细则的规定，取得《计划生育技术服务人员合格证》（以下简称《合格证》）并在从事计划生育技术服务的机构中从事计划生育技术指导、咨询以及与计划生育有关的临床医疗服务的人员。

**第三十二条** 计划生育技术服务人员中依据条例的规定从事与计划生育有关的临床服务人员，应当依照《执业医师法》及国家有关乡村医生、护士等卫生技术人员管理的规定，向所在地县级以上地方人民政府卫生行政部门申请注册。暂未达到执业医师、执业助理医师、乡村医生、护士注册条件，但从事计划生育技术服务工作3年以上且未发生过医疗事故，并已取得国家计划生育委员会岗位培训合格证书，经县级以上地方人民政府计划生育行政部门推荐，由设区的市级地方人民政府计划生育行政部门商同级卫生行政部门同意，从2001年10月1日起缓期2至3年认定执业资格。具体办法由省、自治区、直辖市人民政府计划生育行政部门制定。

**第三十三条** 计划生育技术服务人员实行持证上岗的制度。从事计划生育技术服务的各类技术人员，应当经过相应的业务培训，熟悉相关的专业基础理论知识和实际操作技能，了解国家和地方的计划生育政策，掌握计划生育技术标准、服务规范，取得《合格证》，按《合格证》载明的服务项目提供服务。在计划生育技术服务机构或从事计划生育技术服务的医疗、保健机构中从事计划生育技术服务的人员的《合格证》的审批、校验及其管理分别由设区的市级以上地方人民政府计划生育行政部门、县级以上地方人民政府卫生行政部门负责。

**第三十四条** 拟从事咨询指导、药具发放、手术、临床检验等各类计划生育技术服务的人员，均应申请办理《合格证》。申请办理《合格证》应提交以下文件：

（一）申请人填写的计划生育技术服务人员合格证申请表。申请表应清楚注明技术服务项目的类别，由申请人所在单位审查、签署意见并加盖公章；

（二）设区的市级以上地方人民政府计划生育行政部门组织的人口政策与计划生育技术基础知识考试和县级以上地方人民政府计划生育行政部门组织的操作技能考核合格的证明文件；

（三）学历、专业技术职称证明文件；

（四）设区的市级以上地方人民政府计划生育行政部门或县级以上地方人民政府卫生行政部门要求提交的其他材料。

第三十五条　条例实施前已取得计划生育手术施术资格并继续在从事计划生育技术服务的机构内从事计划生育技术服务活动的，应换发《合格证》。换发《合格证》应提交以下文件：

（一）原由县级以上地方人民政府计划生育行政部门或卫生行政部门核发的施术合格证；

（二）申请人填写的计划生育技术服务人员合格证申请表，单位审查、签署意见并加盖公章；

（三）近3年内无医疗事故，无违背计划生育技术规范和职业道德行为的证明文件；

（四）设区的市级以上地方人民政府计划生育行政部门或县级以上地方人民政府卫生行政部门要求提交的其他材料。

第三十六条　《合格证》的申请办理、申请换发和审批，均应注明技术服务项目，获准从事手术服务项目的，应注明手术术种。已取得《合格证》，要求增加技术服务项目或手术术种的，须向原发证部门申请。

第三十七条　《合格证》的有效期为3年。有效期届满前3

个月，持证人应持《合格证》、单位审查意见、近3年内无重大医疗事故、无违背计划生育技术规范和职业道德行为的证明文件，到原发证机关进行校验。逾期未校验的《合格证》自行作废。受理申请办理、换发、校验的部门应在收到申请之日起30个工作日内作出决定，并通知申请者。

**第三十八条** 县级以上地方人民政府计划生育行政部门或卫生行政部门，应制订规划、组织实施本部门计划生育技术服务人员的业务培训和继续医学教育，不断提高计划生育技术服务人员的业务能力和技术水平。在计划生育技术服务机构中接受的与执业有关的培训和继续教育的记录，可作为医师执业考核和专业技术职称评定的依据。

## 第五章 监督管理

**第三十九条** 国家计划生育委员会负责全国计划生育技术服务的监督管理工作，履行下列监督管理职责：

（一）对条例和本细则及其他配套文件的执行情况进行检查、监督和指导；

（二）对计划生育技术服务统计工作监督、检查并负责组织全国计划生育技术服务统计数据汇总、分析和结果的发布；

（三）负责全国计划生育技术服务事故、并发症、不良反应的汇总、分析和信息发布，指导不良事件的调查、处理；

（四）对全国计划生育技术服务工作的其他事项进行监督管理。

**第四十条** 县级以上地方人民政府计划生育行政部门负责本行政区域内计划生育技术服务监督管理工作，履行下列监督管理职责：

（一）负责提出对本行政区域内计划生育技术服务网络的规划，报同级人民政府批准后，负责其建设和管理的具体工作；

（二）负责对本行政区域内计划生育技术服务机构和人员执业许可、登记和许可证明文件的校验；

（三）对本行政区域内从事计划生育技术服务的机构和人员执行条例和本细则的情况进行检查和监督；

（四）负责本行政区域内计划生育技术服务统计工作；

（五）对本行政区域内计划生育技术服务中出现的事故、并发症、不良反应进行调查处理；

（六）负责病残儿医学鉴定和计划生育手术并发症的管理工作；

（七）对在本行政区域内开展的涉及人群的计划生育科学技术项目和国际合作项目进行监督管理；

（八）对违反条例及本细则的行为，依法给予行政处罚；

（九）负责本行政区域内计划生育技术服务监督管理的其他事项。

第四十一条 县级以上地方人民政府计划生育行政部门应配备科技管理人员和执法监督人员，由具有相关专业学历并经计划生育技术执法和管理培训合格的人员担任，依法履行计划生育技术服务的管理和执法监督职责。

第四十二条 计划生育技术服务执法监督人员在履行职务时，应当出示证件。计划生育技术服务执法监督人员可以向从事计划生育技术服务的机构了解情况，索取必要的资料，向相关人员进行调查、取证，对计划生育技术服务工作进行检查、监督，从事计划生育技术服务的机构和相关人员不得拒绝和隐瞒。计划生育技术服务执法监督人员对从事计划生育技术服务的机构和相关人员提供的资料负有保密的义务。

第四十三条 县级以上地方人民政府计划生育行政部门应建立计划生育技术服务监督员制度，聘请计划生育技术专家、科技管理专家和药品检测专家对本级从事计划生育技术服务的机构和人员执行条例和本细则的情况进行检查并及时向计划生育行政部门报告。

**第四十四条** 县级以上地方人民政府计划生育行政部门每年至少组织一次计划生育技术服务工作检查，检查的主要内容包括：各级从事计划生育技术服务的机构执行条例和本细则的情况，执行计划生育技术标准、服务规范的情况，技术服务质量以及计划生育技术、药具的应用情况。

**第四十五条** 县级以上地方人民政府计划生育行政部门依法受理辖区内机构、个人对销售计划生育药具、相关产品的质量、事故、不良反应以及辖区内从事计划生育技术服务的机构提供的计划生育技术服务的质量、事故的举报和投诉，并对举报和投诉进行登记，会同有关部门及时作出处理。

**第四十六条** 从事计划生育技术服务的机构必须按照国家计划生育委员会制定的计划生育技术服务统计制度，以及技术服务事故、计划生育手术并发症、计划生育药具不良反应报告制度，如实向所在地县级以上地方人民政府计划生育行政部门和卫生行政部门报告计划生育技术服务的统计数据、事故、并发症和药具不良反应。县级以上地方人民政府卫生行政部门每年的11月1日前，将从事计划生育技术服务的医疗、保健机构所做的计划生育技术服务工作的统计数字通报同级计划生育行政部门。

**第四十七条** 国家计划生育委员会会同卫生部每年对计划生育技术服务事故、手术并发症和药具不良反应的数据进行汇总、分析和通报，并将药具不良反应数据汇总和分析结果通报国家药品监督管理局。各省、自治区、直辖市人民政府计划生育行政部门应会同同级卫生行政部门对本区域内计划生育技术服务工作中发生的事故、手术并发症和药具不良反应数据进行汇总、分析，并及时上报国家计划生育委员会和卫生部。

## 第六章 罚 则

**第四十八条** 未取得执业许可，擅自从事计划生育技术服务的，按照条例第三十一条的规定处罚。

计划生育技术服务机构违反本细则规定，使用没有依法取得《合格证》的人员从事计划生育技术服务的，由县级以上地方人民政府计划生育行政部门责令改正，没收违法所得；违法所得1000元以上的，并处违法所得1倍以上3倍以下的罚款；没有违法所得或者违法所得不足1000元的，并处1000元以上3000元以下的罚款。

**第四十九条** 从事计划生育技术服务的机构和人员，违反条例的规定，未经批准擅自从事产前诊断和使用辅助生育技术治疗不育症的，由县级以上地方人民政府卫生行政部门会同同级计划生育行政部门，依据条例第三十二条的规定，对违规的机构和人员进行处罚。

**第五十条** 对买卖、出借、出租或者涂改、伪造计划生育技术服务执业许可证明文件的，由原发证部门依照条例第三十四条的规定进行处罚。买卖、出借、出租或涂改、伪造计划生育技术服务人员合格证明文件的，由原发证部门责令改正，没收违法所得；违法所得1000元以上的，并处违法所得2倍以上5倍以下的罚款；没有违法所得或者违法所得不足1000元的，并处1000元以上3000元以下罚款；情节严重的，并由原发证部门吊销相关的执业资格。

**第五十一条** 向农村实行计划生育的育龄夫妻提供避孕、节育技术服务时，在规定的免费项目范围内收取费用的，由县级以上地方人民政府计划生育行政部门按照条例第三十五条的规定进行处罚。

**第五十二条** 从事计划生育技术服务的人员违反条例和本细则规定,擅自增加计划生育技术服务项目或在执业的机构外从事计划生育技术服务的,由原发证部门责令改正,给予警告,没收违法所得;违法所得1000元以上的,并处违法所得2倍以上5倍以下的罚款;没有违法所得或者违法所得不足1000元的,并处1000元以上3000元以下罚款;情节严重的,并由原发证部门吊销相关的执业资格。

**第五十三条** 计划生育技术服务机构和从事计划生育技术服务的医疗、保健机构在开展计划生育技术服务时,出具虚假证明文件、做假手术的,由原发证部门依照条例第三十九条的规定进行处罚。

从事计划生育技术服务的人员有以上行为的,由原发证部门责令改正,给予警告,没收违法所得;违法所得1000元以上的,并处违法所得2倍以上5倍以下的罚款;没有违法所得或者违法所得不足1000元的,并处1000元以上3000元以下罚款;情节严重的,并由原发证部门吊销相关的执业资格。

**第五十四条** 当事人对行政处罚决定不服的,可以依法申请行政复议或者提起行政诉讼。逾期不申请行政复议、不提起行政诉讼又不履行行政处罚决定的,作出该行政处罚决定的机关可以向人民法院申请强制执行。

## 第七章 附 则

**第五十五条** 条例及本细则所涉及的《计划生育技术服务机构执业许可证》由国家计划生育委员会统一印制;《计划生育技术服务人员合格证》由国家计划生育委员会制定统一格式,各省、自治区、直辖市人民政府计划生育行政部门印制。

**第五十六条** 本细则自发布之日起施行。

# 计划生育技术服务机构执业管理办法

中华人民共和国国家计划生育委员会令
第5号

《计划生育技术服务机构执业管理办法》于2001年9月29日经国家计划生育委员会委务会审议通过，现予发布，自即日起施行。

国家计生委主任
二〇〇一年十一月十六日

第一条 为了加强计划生育技术服务机构的执业管理，依据《计划生育技术服务管理条例》（以下简称《条例》），制定本办法。

第二条 本办法适用于计划生育技术服务机构。申请计划生育技术服务的机构执业的应符合从事计划生育技术服务的机构的设置标准和设置规划。

省、自治区、直辖市计划生育行政部门负责设区的市级以上计划生育技术服务机构的设置审批、执业许可审批和校验；设区的市级计划生育行政部门负责县、乡计划生育技术服务机构的设置审批、执业许可审批和校验。（本款所列部门以下简称发证部门）

第三条 申请新设置计划生育技术服务机构应提交以下材料：

（一）《计划生育技术服务机构设置申请表》；

（二）设置可行性研究报告；

（三）选址报告和建筑设计平面图；

（四）设区的市级以上人民政府计划生育行政部门规定提交的其他材料。

发证部门根据设置标准和当地的设置规划及以上材料对新设置计划生育技术服务机构的申请进行审查，作出批准或不批准的书面答复，批准设置的发给《计划生育技术服务机构设置批准书》，报上级主管部门并备案。

第四条　申请计划生育技术服务机构执业许可，应当具备设置标准规定的条件，填写《计划生育技术服务机构执业许可申请表》（以下简称《申请表》），并提供以下材料：

（一）《计划生育技术服务机构设置批准书》或《条例》实施前已取得的执业许可证明文件；

（二）计划生育技术服务机构用房产权证明或者使用证明；

（三）计划生育技术服务机构建筑设计平面图；

（四）计划生育技术服务机构科室设置情况；

（五）计划生育技术服务机构法定代表人和主要负责人、科室负责人及主要技术骨干名录和有关资格证书、执业证书、任职履历证明复印件；

（六）设备清单；

（七）计划生育技术服务机构规章制度；

（八）设区的市级以上计划生育行政部门规定提交的其他材料。

第五条　计划生育技术服务机构执业许可审批按以下程序办理：

（一）由申请单位向审批部门提出书面申请，提供本办法第四条规定提交的材料。

（二）发证部门对申请单位提交的材料进行审查，签署审查意见。

（三）对材料审查符合要求的，由发证部门组织3-9名专家和管理人员按照国家计划生育委员会颁布的《计划生育技术服务项目评审基本标准》实地考察、核实，并对执业人员基础知识、基本技能进行抽查考核，并提出书面评审意见。

（四）发证部门根据评审结果、服务需求等情况作出是否准予执业及批准执业项目的决定，对准予执业的单位进行注册登记，颁发《计划生育技术服务机构执业许可证》（以下简称《许可证》）及副本，并在《许可证》上载明获准开展的项目。对不准予执业的，将评审结果和不予批准的理由通知申请单位。

第六条　发证部门应当在收到申请单位提交本办法规定的全部材料之日起30个工作日内，完成审核发证工作。

第七条　有下列情况之一的，不予登记、注册：

（一）不符合计划生育技术服务机构设置标准的；

（二）工作用房不能满足计划生育技术服务功能需要的；

（三）通讯、供电、上下水道等公共设施不能满足计划生育技术服务机构正常运转的；

（四）计划生育技术服务规章制度不符合要求的；

（五）消毒、无菌操作、业务技术等基本知识和技能现场抽查考核不合格的；

（六）聘用不具备资格的人员从事计划生育技术服务工作的；

（七）提交虚假证明材料的。

第八条　计划生育技术服务机构的校验期为3年。发证部门每3年进行一次校验。计划生育技术服务机构应当于校验期满前3个月向发证部门申请办理校验手续。发证部门受理申请后应当在收到下列全部材料之日起 30 个工作日内完成校验：

（一）《计划生育技术服务机构校验申请表》；

（二）《计划生育技术服务机构执业许可证》及其副本；

（三）计划生育技术服务机构校验期内工作报告；

（四）登记机关规定提交的其他材料。

校验合格的，换发《许可证》，同时在《许可证》副本上做相应记录。

计划生育技术服务机构遗失《计划生育技术服务机构执业许可证》应及时声明和公告，并向原发证部门申请补发。

**第九条** 计划生育技术服务机构有下列情况之一的，发证部门可以根据情况给予 1 至 6 个月的暂缓校验期：

（一）不符合《计划生育技术服务机构设置标准》；

（二）超越《许可证》载明的项目开展计划生育技术服务；

（三）在开展计划生育技术服务中发现有做假手术、开假证明及重大的计划生育避孕、节育技术事故；

（四）评审不合格或不参加评审；

（五）限期改正或停业整顿期间；

（六）使用未经认可或不宜继续使用的诊疗技术与方法；

（七）擅自聘用不具备资格的人员从事与计划生育有关的临床医疗活动；

（八）违反《条例》有关执业的规定；

暂缓校验期满仍不能通过校验的，由发证部门注销其《许可证》。

**第十条** 计划生育技术服务机构变更名称、地址、法定代表人或者主要负责人、所有制形式、服务项目、床位数的，必须在变更前向登记机关申请办理变更登记，并提交下列材料：

（一）《计划生育技术服务机构变更申请表》；

（二）申请变更登记的原因和理由；

（三）《计划生育技术服务机构执业许可证》及其副本；

（四）登记机关规定提交的其他材料。

申请增加服务项目的，按上款规定办理变更服务项目登记。

**第十一条** 发证部门在受理变更申请后，依据本办法有关规定进行审核，在30个工作日内作出核准变更或者不予变更的决定。核准变更的，换发《许可证》，并在副本上作相应记录。

**第十二条** 计划生育技术服务机构停业，应当经原发证部门批准。除改建、扩建、迁移原因，计划生育技术服务机构停业不得超过1年。否则视为歇业，应予注销。计划生育技术服务机构办理注销，应缴销《计划生育技术服务机构执业许可证》及副本、印章。

**第十三条** 计划生育技术服务机构名称的命名由通用名称和识别名称构成。

通用名称为：计划生育服务站（中心、所）；生殖保健站（院、所、中心）；

识别名称为：地名、单位名和核准机关批准使用的名称。

**第十四条** 各级政府设置的计划生育技术服务机构按下列原则命名：

（一）省级：××省（自治区、直辖市）计划生育技术指导中心、生殖保健服务中心或者其他由省级计划生育行政部门批准的名称；

（二）设区的市级：××市（地区、自治州）计划生育指导中心（站、所）；

（三）县级：××县（市、区）计划生育服务站；

（四）乡级：××乡（镇）计划生育服务所（站）。

**第十五条** 经审批准予执业的计划生育技术服务机构可在

其执业活动中按规定使用"中国人口与计划生育"事业标志。

第十六条 发证部门应当建立健全档案管理制度，将本办法所涉及的计划生育技术服务机构设置审批、执业许可审批、校验等材料统一归档。

第十七条 计划生育技术服务机构申请设置审批、执业许可、校验、变更、评审时，应当交纳费用，具体收费办法和收费标准，由省级人民政府计划生育行政部门会同同级物价、财政部门制定。

《计划生育技术服务机构执业许可证》及其副本，由国家计划生育委员会统一印制。

第十八条 《条例》实施前已经执业的计划生育技术服务机构，按本办法的规定办理注册登记，其时限由省、自治区、直辖市计划生育行政部门规定。

第十九条 本办法由国家计划生育委员会负责解释。

第二十条 本办法自发布之日起施行。

# 国家人口和计划生育委员会计划生育生殖健康新技术新产品研究开发项目管理办法（试行）

## 国家人口计生委关于印发《国家人口和计划生育委员会计划生育生殖健康新技术新产品研究开发项目管理办法（试行）》的通知

各省、自治区、直辖市人口计生委：

为规范"国家人口计生委计划生育生殖健康优质服务三大工程"研究开发类项目的管理，增强人口和计划生育科技创新能力，提高技术创新水平，我委制定了《国家人口和计划生育委员会计划生育生殖健康新技术新产品研究开发项目管理办法（试行）》，于2006年8月7日经委主任会讨论通过。现印发你们，请遵照执行。

二〇〇六年八月七日

为加强对计划生育生殖健康新技术、新产品引入试验项目的管理，保障使用者的身心安全，确认在计划生育技术服务网络的服务目标人群中推广该项新技术、新产品的必要性、可行性和适宜的推广模式，提高广大育龄群众的生殖健康水平，促进生殖健康产业的发展，根据《中华人民共和国人口与计划生育法》、《计划生育技术服务管理条例》等有关法律法规的规定，制定本办法。

第一条　本办法适用于人口和计划生育系统从事计划生育生殖健康的科研及技术服务机构和相关企业。

第二条　计划生育生殖健康新技术、新产品是指拟引入推广的避孕节育、优生优育、生殖保健的新方法、新药具、新材料、新设备、新器械等。

第三条　本办法中的引入试验项目,是指计划生育生殖健康新技术、新产品,经国家食品药品监督管理部门批准上市后,在计划生育系统推广之前组织进行的规范性引入试验研究项目;其目的是为大范围推广做准备,是该项新技术、新产品是否适宜在计划生育技术服务网络中推广应用的前期试验工作。

第四条　国家人口和计划生育委员会是计划生育生殖健康新技术、新产品引入试验项目的主管部门,负责引入试验项目的组织实施。

第五条　地方各级人口和计划生育行政部门负责本行政区域内承担的国家计划生育生殖健康新技术、新产品引入试验项目的监督管理与组织实施。

第六条　计划生育生殖健康新技术、新产品的引入试验项目完成后,由国家人口和计划生育委员会择优列入《计划生育避孕药具政府采购目录》或《计划生育生殖健康技术装备指导目录》。

第七条　国家人口和计划生育委员会设立计划生育生殖健康新技术、新产品引入试验项目评审专家组。专家组成员从国家计划生育科技专家库中分类随机选择。其职责是:

(一)对计划生育生殖健康新技术、新产品拟引入试验项目及引入试验方案进行可行性评审;

(二)对引入试验项目及其引入试验方案的具体实施情况进行考察、指导和评估;

（三）协助解决计划生育生殖健康新技术、新产品引入试验项目实施过程中出现的有关技术性疑难问题；

（四）在项目结束后，对计划生育生殖健康新技术、新产品引入试验项目进行总体验收和评价，并向主管部门提出结论性意见或建议。

第八条　省级人口和计划生育行政部门应组织有能力的省级计划生育科研机构和技术服务机构、相关专家和申报企业组成项目组。由项目组负责计划生育生殖健康新技术、新产品引入试验项目在当地的具体实施。

第九条　申请引入试验项目的计划生育生殖健康新技术、新产品，需获得国家食品药品监督管理部门的审批、注册和市场准入，且在有效期内；申请企业应获得相关质量体系认证；产品质量应优于或不良反应小于现有的技术和产品。

第十条　符合第九条所列条件者，原则上由企业商至少两个省级人口和计划生育行政部门同意作为引入试验的省份，由申请引入试验项目的企业按要求填报《计划生育生殖健康新技术新产品引入试验项目申请书》，并附完整的企业资质和技术资料，上报国家人口和计划生育委员会审批。

第十一条　国家人口和计划生育委员会组织专家对申报的《计划生育生殖健康新技术新产品引入试验项目申请书》进行评审，将评审结果通知申报企业，并向有关省级人口和计划生育行政部门通报。

第十二条　获准开展计划生育生殖健康新技术、新产品引入试验的项目组，应根据专家意见完善实施方案，并建立新技术、新产品引入试验的技术档案，做好临床观察记录、阶段性工作总结和有关信息反馈工作。

第十三条　对具体承担实施计划生育生殖健康新技术、新产品引入试验项目的技术人员，必须经过项目组的技术培训，能熟练掌握该项目新技术、新产品的技术操作，经项目组认定合格后，方可进行上岗操作，并严格按照知情同意的原则推广应用新技术和新产品。

第十四条　在计划生育生殖健康新技术、新产品引入试验中发生的不良反应和不良事件及其并发症，参照药品不良反应监测管理办法和节育手术并发症鉴定管理办法等有关法规规定处理。

第十五条　用于计划生育生殖健康新技术、新产品引入试验项目的宣传培训资料应报国家人口和计划生育委员会备案。

第十六条　计划生育生殖健康新技术、新产品进行引入试验所需经费由申报企业承担。

第十七条　在开展引入试验项目中，不执行该项新技术、新产品的技术操作规程，或不按引入试验方案组织实施的应停止该项目的引入试验，并追究相关责任。在引入试验过程中成绩突出并取得优秀成果的，给予表彰和奖励。

第十八条　《计划生育生殖健康新技术新产品引入试验项目申请书》由国家人口和计划生育委员会监制。

第十九条　本办法由国家人口和计划生育委员会负责解释。

第二十条　本办法自下发之日起施行。